Sammlung

Außerdeutscher Strafgesetzbücher

in Deutscher Uebersetzung.

Herausgegeben von der Redaktion

der

Zeitschrift für die gesamte Strafrechtswissenschaft.

XI.

Entwurf eines Allgemeinen bürgerlichen Strafgesetzbuchs für das Königreich Norwegen.

BERLIN SW.48
Wilhelmstraße 119/120.
J. Guttentag, Verlagsbuchhandlung.
1898.

Entwurf

eines

Allgemeinen bürgerlichen Strafgesetzbuches für das Königreich Norwegen.

Ausgearbeitet

von dem durch Königl. Entschliefsung vom 14. November 1885 eingesetzten Ausschufs.

Übersetzt

von

Dr. Ernst Rosenfeld,
Gerichtsassessor und Privatdozent
in Halle a. S.

und

Andreas Urbye,
Staatsanwalt
in Tromsö.

BERLIN SW.48
Wilhelmstrafse 119/120.
J. Guttentag, Verlagsbuchhandlung.
1898.

Vorbemerkungen.

I. Der hiermit in deutscher Übersetzung vorgelegte Entwurf (Udkast til almindelig borgerlig Straffelov for Kongeriget Norge. Udarbeidet af den ved kgl. Resolution af 14de November 1885 nedsatte Kommission. Kristiania, Det Steenske Bogtrykkeri. 1896) ist das Resultat langjähriger Vorarbeiten. Mit dem Auftrag, eine Umarbeitung des Strafgesetzbuchs vorzunehmen, wurde durch königl. Entschliefsung vom 14. November 1885 ein Strafgesetzgebungsausschufs eingesetzt, der aus folgenden Herren bestand: Generaladvokat (= Oberster Staatsanwalt), damals Professor Dr. Getz als Vorsitzendem, Staatsminister, damals Rechtsanwalt Blehr, Amtmann Oppen, Minister, damals Amtsrichter Qvam, den Beisitzern am Obersten Gerichtshof, damals Beisitzern am Stadtgericht Scheel und Thoresen und Untervogt Øverland. An Stelle von Blehr und Oppen traten später der Minister, damals Staatsanwalt Smedal und Expeditionschef Woxen. Während der letzten Ausarbeitung fungierte der eine der Übersetzer, Staatsanwalt, damals Assessor Andreas Urbye als Schriftführer.

Nach einem ersten grundlegenden kurzen Zusammentritt im Herbst 1886 erschien zunächst der «Vorläufige Entwurf eines allgemeinen bürgerlichen Strafgesetzbuchs für das Königreich Norwegen. Teil I mit Motiven», ausgearbeitet von Getz (Kristiania 1887). Diese Vorschläge wurden seit Herbst 1887 von der Kommission durchberaten (Ergebnis in den Drucksachen des Storthings, No. 66, 1889). Vom Januar bis März 1888 beschäftigte sich die Kommission mit den durch die

Strafprozeſsreform sofort nötig gewordenen Abänderungen des Strafgesetzbuchs (Kristiania 1888, mit Motiven). Dies ist die Grundlage der Abänderungsgesetze zum Strafgesetzbuch vom 29. Juni 1889 und vom 28. Juni 1890. Im Herbst 1888 wurde mit der Beratung einiger Kapitel des besonderen Teils (Sittlichkeitsdelikte, Tötungen, Körperverletzung, Meineid, falsche Anschuldigung, Beleidigung, Unterschlagung, Diebstahls, Hehlerei) begonnen, die der Vorsitzende inzwischen nebst Motiven ausgearbeitet hatte (Drucksachen des Storthings, No. 64 und 65, 1889). Von Ende 1888 bis Herbst 1892 trat eine Unterbrechung der Arbeiten des Ausschusses ein. Alsdann wurde zunächst der «Entwurf zu einem Gesetz über die Behandlung verkommener und verwahrloster Kinder, ausgearbeitet von Dr. Getz, Kristiania 1892», in Angriff genommen. Er führte zu zwei Gesetzesvorschlägen (für ein Zwangserziehungsgesetz und für ein Gesetz über Abänderung einiger Bestimmungen über den Vollzug der Strafarbeit, d. h. des Zuchthauses), die beide Gesetz geworden sind (ersteres vom 6. Juni 1896, letzteres vom 26. Juni 1893).

Seit Oktober 1893 betrafen die Beratungen den vollständigen Getzschen Strafgesetzentwurf (mit Motiven, Kristiania 1893). Als spezieller Gesetzesvorschlag ausgesondert und bearbeitet wurde die Materie der Bettelei, Landstreicherei und Trunksucht (siehe den Anhang zu der vorliegenden Übersetzung). Der Entwurf liegt seit Sommer 1894 vor. Im übrigen wurde mit Unterbrechungen bis Ende April 1896 fortgearbeitet, bis zu welchem Zeitpunkt auch die Ausarbeitung und Durchberatung der Motive abgeschlossen wurde.

Über Gebiete, die zu dem Hauptgesetz in enger Beziehung stehen, hat der Ausschuſs auſserdem folgende Gesetzentwürfe zu stande gebracht: 1. Über die Einführung des Strafgesetzbuchs; 2. Über die Vollstreckung der Freiheitstrafe; 3. Über Disziplinarvergehen und Entlassung von Zivil- und kirchlichen Beamten und Angestellten; 4. Über Abänderung der Strafprozeſsordnung.

II. Bei der Übersetzung waren wir in erster Linie bemüht, an allen als technisch zu betrachtenden Ausdrücken selbst auf Kosten einer stilistisch tadellosen Ausdrucksweise festzuhalten. So ist im besondern Teil neben dem «Versuchen» häufig von «Suchen» die Rede. Diese Unterscheidung wurde streng aufrecht erhalten, da auf das «Suchen» die Legaldefinition des Versuches (§ 49) nicht anzuwenden sein dürfte. Das Wort «jemand» bedeutet im Sprachgebrauch des Entwurfes meist ebensogut den Thäter, wie einen andern. Das Wort «mehrere» ist stets als «zwei oder mehrere» zu verstehen, wie in den Motiven (S. 114, Sp. 2, Note) ausgesprochen ist. Ebenso mag hier bemerkt werden, dafs die Ausdrücke «Vorgesetzter» und «Untergebener» sich auf jedes Zuchtverhältnis beziehen. Vorgesetzte eines Kindes sind also Eltern oder Vormünder oder Arbeitgeber.

III. Einige kleinere Druckfehler des Entwurfes sind stillschweigend beseitigt worden. Erwähnt werden mufs jedoch, dafs im norwegischen Text des § 239 versehentlich das wichtige Wort uægte (uneheliches) fehlt.

IV. In sprachlicher Beziehung haben wir versucht, so genau wie möglich den norwegischen Text wiederzugeben, selbst wenn wir dadurch manchmal auf eine gute Ausdrucksweise verzichten mufsten. Bisweilen ist in Aufzählungen eine Umstellung vorgenommen.

Die Übersetzer.

Berichtigung.

In § 34 Abs. 1 des Gesetzes über Arbeitsscheu, Bettelei und Trunksucht ist folgender Schlufssatz ausgefallen:

«Personen, die nach § 9 ausgewiesen werden können, sind in der Regel aufser Landes zu bringen.»

Inhaltsverzeichnis.

Erster Teil.

Allgemeine Bestimmungen.

Einleitende Bestimmungen. §§ 1—11.

Kapitel 1.

Das Geltungsgebiet des norwegischen Strafrechts. §§ 12—14.

Kapitel 2.

Strafen. §§ 15—39.

Kapitel 10.

Verbrechen, die sich auf die Ausübung staatsbürgerlicher Rechte beziehen.

§§ 105—109.

Kapitel 11.

Verbrechen im Amte. §§ 110—126.

Kapitel 12.

Verbrechen gegen die Staatsgewalt. §§ 127—134.

Kapitel 19.

Verbrechen wider die Sittlichkeit. §§ 191—214.

Kapitel 20.

Verbrechen, die sich auf Familienverhältnisse beziehen. §§ 215—221.

Kapitel 21.

Verbrechen wider die persönliche Freiheit. §§ 222—227.

Kapitel 25.

Erpressung und Raub. §§ 266—269.

Kapitel 26.

Betrug und Untreue. §§ 270—279.

Kapitel 27.

Verbrechen in Schuldverhältnissen. §§ 280—290.

Kapitel 28.

Sachbeschädigung und Vermögensbeschädigung. §§ 291—294.

Kapitel 29.

Wucher und Glücksspiel. §§ 295—300.

Kapitel 30.

Verbrechen, die sich auf die Seeschiffahrt beziehen. §§ 301—316.

Kapitel 31.

Hehlerei und Begünstigung. §§ 317—321.

Kapitel 32.

Verbrechen in Druckschriften. §§ 322—324.

Dritter Teil.

Übertretungen.

Kapitel 33.

Übertretungen gegen die Staatsgewalt. §§ 325—346.

Kapitel 34.
Übertretungen wider allgemeine Ordnung und allgemeinen Frieden.
§§ 347—356.

Kapitel 35.

Übertretungen, die sich auf die allgemeine Gesundheit beziehen.

§§ 357—366.

Kapitel 36.

Übertretungen gegen die öffentliche Treue. §§ 367—375.

Kapitel 37.

Übertretungen wider die Sittlichkeit. §§ 376—383.

Kapitel 38.

Übertretungen wider die Person. §§ 384—390.

Kapitel 39.

Übertretungen gegen Vermögensrechte. §§ 391—408.

Kapitel 40.

Übertretungen in privaten Dienstverhältnissen. §§ 409—413.

Kapitel 41.

Übertretungen, die sich auf die Seeschiffahrt beziehen. §§ 414—427.

Kapitel 42.

Übertretungen, die durch Druckschriften begangen werden. §§ 428–435.

Anhang.

Entwurf zu einem Gesetze über Arbeitsscheu, Bettelei und Trunksucht, sowie über Zwangsarbeitshäuser.

Kapitel I.

Arbeitsscheu und Bettel. §§ 1—16.

Erster Teil.

Allgemeine Bestimmungen.

Einleitende Bestimmungen.

§ 1. Der erste Teil dieses Gesetzes findet, soweit nichts Andres bestimmt ist, auf alle strafbaren Handlungen Anwendung.

§ 2. Die strafbaren Handlungen, von denen der zweite Teil dieses Gesetzes handelt, sind Verbrechen (Forbrydelser); desgleichen die in andren Gesetzen behandelten, insoweit sie mit Gefängnis über drei Monaten, Haft über sechs Monaten oder Verlust öffentlicher Ämter als Hauptstrafe bedroht sind.

Die strafbaren Handlungen, von denen der dritte Teil dieses Gesetzes handelt, sind Übertretungen (Forseelser); desgleichen die in andren Gesetzen behandelten, wenn sie nicht nach dem Vorhergehenden Verbrechen sind.

§ 3. Bei einer Änderung der Strafgesetzgebung nach der Zeit der begangenen Handlung kommen die bei der Begehung geltenden Bestimmungen insoweit zur Anwendung, als nichts Andres vorgeschrieben ist.

Die zur Zeit der Aburteilung geltenden Bestimmungen — im Falle einer Revision, einer Beschwerde oder eines Wiederaufnahmeantrags die zur Zeit der angefochtenen Entscheidung geltenden Bestimmungen — kommen zur Anwendung, wenn sie zu einer dem Angeschuldigten günstigeren Entscheidung führen.

Nach dem gesetzmäfsigen Beginne der Strafverfolgung oder Strafvollstreckung bleibt aufser Betracht, ob gemäfs einem späteren Gesetze die Strafverfolgung oder Strafvollstreckung verjährt und ob die Erhebung der Anklage dem Verletzten überlassen ist oder nur auf dessen Antrag stattfindet.

Die in einem neuen Gesetze bestimmte Frist, binnen deren der Verletzte die Anklage erheben oder Antrag auf Verfolgung stellen mufs, fängt in keinem Falle vor dem Inkrafttreten des neuen Gesetzes zu laufen an.

§ 4. Das Wort Handlung im Sinne dieses Gesetzes umfafst auch die Unterlassung, wofern nicht das Gegenteil ausdrücklich bestimmt ist oder aus dem Zusammenhange hervorgeht.

§ 5. Als Angehörige im Sinne dieses Gesetzes sind anzusehen: Ehegatten, Verwandte in gerader Linie, Geschwister, Verschwägerte bis zum zweiten Grade, Pflegeeltern und -kinder, sowie Verlobte. Wenn die Ehe nicht mehr besteht, so finden die Bestimmungen über Angehörige auch weiterhin Anwendung, wenn es sich um Ereignisse vor der Auflösung handelt.

Als Verschwägerter wird auch der Ehegatte des Verschwägerten angesehen.

§ 6. 1. Den öffentlichen Beamten werden in diesem Gesetze gleichgestellt, sofern sie öffentlich anerkannt oder bestätigt sind, Rechtsanwälte und ihre Bevollmächtigten, Ärzte, Tierärzte, Hebammen, Apotheker, Geistliche, Vorsteher von Religionsgesellschaften und Direktoren von Unterrichts-, Erziehungs- und Kinderbewahranstalten.

2. Unter einem Schiffer ist auch derjenige zu verstehen, der zu der mafsgebenden Zeit an seiner Stelle den Befehl führte.

§ 7. 1. Unter öffentlichen Orten sind in diesem Gesetze alle für den allgemeinen Verkehr bestimmten oder thatsächlich benutzten Orte zu verstehen.

2. Eine strafbare Handlung gilt als öffentlich begangen, wenn sie durch Ausgabe einer Druckschrift begangen ist oder im Beisein einer gröfsern Anzahl Personen oder unter solchen Umständen, dafs sie leicht von einem öffentlichen Orte aus wahrgenommen werden konnte und von einer daselbst oder in der Nähe sich aufhaltenden Person wahrgenommen worden ist.

§ 8. Was dieses Gesetz für Kriegszeiten vorschreibt, gilt auch, wenn beschlossen ist, die bewaffnete Macht oder einen Teil derselben auf Kriegsfufs zu setzen.

§ 9. Eine schwere Körperverletzung oder Gesundheitsschädigung im Sinne dieses Gesetzes liegt vor, wenn jemand den Verlust oder eine wesentliche Beeinträchtigung seines Sehvermögens, seines Gehörs, der Sprache oder der Zeugungsfähigkeit erleidet, wenn er in erheblicher Weise entstellt wird, oder wenn er in Gebrechlichkeit, Erwerbsunfähigkeit, lebensgefährliche oder langwierige Krankheit oder Geistesstörung verfällt.

Als schwere Verletzung wird es auch betrachtet, wenn das Verbrechen gegen eine Schwangere verübt und die Leibesfrucht infolgedessen verletzt wird oder zu Grunde geht.

§ 10. Als Druckschrift ist anzusehen eine Schrift, eine Abbildung oder dergleichen, die durch die Druckpresse oder auf sonstige chemische oder mechanische Weise vervielfältigt wird.

Unter Ausgabe ist auch Anschlag, Auslegung u. dgl. an öffentlichen Orten zu verstehen.

§ 11. Unter einem Monat ist ein Kalendermonat zu verstehen; unter einem Tag vierundzwanzig Stunden.

1. Kapitel.

Das Geltungsgebiet des norwegischen Strafrechts.

§ 12. Das norwegische Strafgesetzbuch findet, wenn nichts Andres besonders bestimmt ist, Anwendung auf Handlungen, die begangen sind:

1. im Inland, inbegriffen norwegische Schiffe auf offener See;

2. auf einem norwegischen Schiffe, überall wo es sich befindet, von einem Mitglied der Schiffsbesatzung oder von einer andren Begleitperson des Schiffes;

3. im Auslande von einem norwegischen Staatsbürger oder von einer in Norwegen wohnhaften Person, wenn die Handlung

a) unter Kapitel 8, 9, 10, 11, 12, 14, 17, 18, 20, 23, 24 oder 25 dieses Gesetzes oder unter §§ 135, 141, 142, 144, 169, 191—195, 199, 202, 204 vgl. 202, 205—209, 223 bis 225, 228—235, 242—245, 270—272, 275, 277, 291, 292, 294, No. 2 und 3, 318, 325—328, 330 letzter

Absatz, 331, 338, 367—370, 381 oder 423 fällt; und in jedem Falle, wenn sie

b) ein Verbrechen oder eine Übertretung gegen den norwegischen Staat oder die norwegische Staatsgewalt ist; oder

c) auch nach den Gesetzen des Begehungsortes strafbar ist;

4. im Auslande von Ausländern, wenn die Handlung entweder

a) unter §§ 83, 88, 89, 90 letzter Absatz, 93, 98—104, 110—132, 148, 149, 152, 1., 2. und 3. Absatz, 153, 154 erster Absatz, 159, 160, 161, 169, 174—178, 182 bis 185, 187, 189, 190, 191—195, 202, 217, 220, 221, 223—225, 231—235, 243, 244, 261, 267—269, 277, 292, 327, 328, 331 oder 423 dieses Gesetzes fällt; oder

b) ein Verbrechen ist, das auch nach den Gesetzen des Begehungsortes strafbar ist, sofern der Thäter im Reiche seinen Wohnsitz oder Aufenthaltsort hat.

In dem Falle, wo die Strafbarkeit einer Handlung durch einen beabsichtigten oder eingetretenen Erfolg begründet oder beeinflußt wird, gilt die Handlung auch als dort begangen, wo der Erfolg eingetreten ist oder nach der Absicht eintreten sollte.

§ 13. In den Fällen des § 12 No. 4 kann die Strafverfolgung nur auf Anordnung des Königs eingeleitet werden.

In den Fällen des § 12 No. 4b kann die Strafverfolgung nicht stattfinden, wenn nicht auch nach den Gesetzen des Begehungsortes ein Strafanspruch vorliegt. Auch kann eine strengere Strafe als die nach den Gesetzen des Begehungsortes zulässige nicht verhängt werden.

In jedem Falle, wo eine im Ausland bestrafte Person wegen derselben Handlung im Inland verurteilt wird, ist die erlittene Strafe, soweit dies möglich, auf die erkannte in Anrechnung zu bringen.

§ 14. Die Anwendbarkeit der oben gegebenen Regeln wird durch die im Völkerrecht anerkannten Ausnahmen beschränkt.

2. Kapitel.

Strafen.

§ 15. Die allgemeinen Strafen sind Gefängnis (Fængsel), Haft (Hefte) und Geldstrafe (Böder).

In besonderen Fällen wird angewandt:

Verlust öffentlicher Ämter.

§ 16. Mit den im § 15 erwähnten Strafen können folgende Nebenstrafen verbunden werden:

1. Verlust bestimmter Rechte (§ 29);
2. Verweisung aus bestimmten Orten (§ 33);
3. Bekanntmachung des Urteils (§§ 173 und 254);
4. Einziehung bestimmter Gegenstände (§ 34).

§ 17. Gefängnis kann von 21 Tagen bis zu 15 oder in den im § 62 vorgesehenen Fällen bis zu 20 Jahren oder auf Lebenszeit verhängt werden.

Wo das Gesetz die Gefängnisstrafe nicht ausdrücklich als eine lebenslängliche androht, ist sie eine zeitige.

Der zu Gefängnis Verurteilte kann nach den in dem besondren Gesetze über den Strafvollzug (§ 26) bestimmten Regeln auf Probe entlassen werden.

§ 18. Das Gericht kann bestimmen, dafs eine verhängte Gefängnisstrafe ganz oder teilweise in geschärftes Gefängnis umzuwandeln ist. Eine solche Umwandlung kann auch bei der Vollstreckung auf Antrag des Verurteilten oder mit seiner Zustimmung beschlossen werden.

§ 19. Geschärftes Gefängnis ist entweder Gefängnis bei Wasser und Brot bis zu 20 oder Gefängnis mit hartem Nachtlager bis zu 30 Tagen, und es entspricht ein Tag der ersten und 2 Tage der letzten Art 3 Tagen gewöhnlichen Gefängnisses.

Frauen, die nähren, dürfen nicht mit geschärftem Gefängnis, und Personen unter 18 Jahren nicht mit Gefängnis bei Wasser und Brot bestraft werden. Auch kommt geschärftes Gefängnis nicht zur Anwendung, wo anzunehmen ist, dafs es eine Gesundheitsgefährdung mit sich führen könnte.

§ 20. Begeht eine Person, die lebenslängliches Gefängnis verbüfst oder verbüfsen soll, ein Verbrechen, so kann eine oder mehrere der folgenden Strafen verhängt werden:

1. Gefängnis bei Wasser und Brot bis zu 20 Tagen;

2. dunkles Gefängnis bei Wasser und Brot bis zu zehn Tagen;

3. Gefängnis mit hartem Nachtlager bis zu 30 Tagen;

4. dunkles Gefängnis mit hartem Nachtlager bis zu zehn Tagen;

5. Einsperrung in Einzelhaft bis zu 6 Jahren.

Begeht eine Person, die eine Gefängnisstrafe von mehr als 6 Monaten verbüfst oder verbüfsen soll, eine Übertretung, so können anstatt der sonst für eine Übertretung bestimmten Strafen die im Strafvollzugsgesetze festgesetzten Züchtigungen angewendet werden.

Auf das unter No. 1—4 festgesetzte Gefängnis finden die Bestimmungen des § 19, Absatz 2 Anwendung.

§ 21. Wird eine Person, die eine Haftstrafe verbüfst, zu Gefängnis verurteilt, so ist in der Regel die Vollstreckung der letztern Strafe sogleich anzufangen und die erstere in der Zwischenzeit auszusetzen.

§ 22. Haft kann von 21 Tagen bis zu 20 Jahren verhängt werden.

2 Tage Haft sind einem Tage Gefängnis gleich zu achten.

§ 23. Die Haft kann auf Antrag des Verurteilten oder mit seiner Zustimmung bei der Vollstreckung in Gefängnis oder, mit der in § 19 vorgesehenen Beschränkung, in geschärftes Gefängnis umgewandelt werden. Wird die Umwandlung in Gefängnis bei Beginn der Vollstreckung beantragt, so darf der Antrag nicht abgelehnt werden.

§ 24. Wo Gefängnis als einzige Freiheitstrafe angedroht ist, kann entsprechende Haft verhängt werden, sofern besondere Umstände annehmen lassen, dafs die Handlung nicht aus einer ehrlosen Gesinnung entsprungen ist.

§ 25. Freiheitstrafen bis zu 4 Monaten werden in Tagen, Freiheitstrafen von viermonatlicher oder längerer Dauer in Monaten und Jahren festgesetzt.

§ 26. Die näheren Regeln, die zur Durchführung der vorstehenden Bestimmungen erforderlich sind, desgleichen Anweisungen über die Einrichtung und Verwaltung der Gefängnisse und die sonstige Behandlung der Gefangenen werden durch ein besondres Gesetz über die Vollstreckung der Freiheitstrafen gegeben.

§ 27. Wegen Verbrechen kann Geldstrafe von 3 bis zu 20 000 Kronen*) und wegen Übertretungen von 1 bis zu 10 000 Kronen verhängt werden. Innerhalb dieser Grenzen ist die Geldstrafe in der Regel so festzusetzen, dafs der Mindestbetrag einer Geldstrafe für Verbrechen nicht unter das mutmafsliche Einkommen des Verurteilten von 2 Tagen heruntergeht und das Höchstmafs nichr das mutmafsliche Einkommen von 3 Monaten übersteigt; und dafs der Mindestbetrag einer Geldstrafe für Übertretungen nicht unter sein Einkommen von einem halben Tage heruntergeht und das Höchstmafs nicht das Einkommen von $1^1/_2$ Monaten übersteigt. Wenn kein Einkommen vorhanden ist, das solchergestalt zu Grunde gelegt werden kann, so ist der durchschnittliche mutmafsliche Verbrauch der Person an die Stelle zu setzen. Dabei ist auf die Vermögensverhältnisse des Verurteilten sowie darauf, was er nach seinen Lebensverhältnissen mutmafslich bezahlen kann, besondere Rücksicht zu nehmen.

Die Geldstrafe fliefst in die Staatskasse.

§ 28. Nach näheren vom Könige zu erlassenden Vorschriften kann ratenweise Abzahlung der auferlegten Geldstrafe oder Abverdienung durch Arbeit im Dienste des Staates oder der Gemeinde gestattet werden.

Wird die Geldstrafe nicht bezahlt oder abverdient, so ist sie beizutreiben, es sei denn anzunehmen, dafs hierdurch den Vermögens- oder Erwerbsverhältnissen des Verurteilten erheblicher Abbruch geschieht.

Im Urteil oder Strafmandat ist eine Gefängnisstrafe von einem Tage bis zu 3 Monaten oder in den im § 63 vorgesehenen Fällen bis zu $4^1/_2$ Monaten festzusetzen, die zu vollstrecken ist, wenn die Geldstrafe auf keine der vorstehenden Arten abgetragen wird.

Wenn der Verurteilte einen Teil der Geldstrafe bezahlt hat, der Restbetrag aber in Gefängnisstrafe umgewandelt werden soll, so ist diese verhältnismäfsig herabzusetzen, jedoch in der Weise, dafs der Bruchteil eines Tages einem ganzen

*) 1 Krone = 1,12 Reichsmark.

Tage gleich gerechnet wird. Ist ein Teil der Geldstrafe durch Freiheitstrafe verbüfst, und wird Bezahlung des Restbetrags angeboten, so wird bei der Berechnung des Restbetrags nur Rücksicht auf die verbüfsten ganzen Tage genommen.

§ 29. Der in § 16 No. 1 behandelte Verlust bestimmter Rechte umfafst:

1. Verlust des öffentlichen Amtes, das der Schuldige bekleidet;

2. Unfähigkeit, während einer Zeit von 15 Jahren in öffentlichen Angelegenheiten zu stimmen oder ein öffentliches Amt zu erlangen;

3. Unfähigkeit, während einer Zeit bis zu 5 Jahren oder überhaupt jemals die Stellung eines Rechtsanwaltes, Arztes, Tierarztes, Apothekers, einer Hebamme, eines Geistlichen oder Vorstehers einer Religionsgesellschaft, des Direktors einer Unterrichts-, Erziehungs- oder Kinderbewahranstalt oder eines Schiffers einzunehmen;

4. Unfähigkeit, während einer Zeit bis zu 5 Jahren oder überhaupt jemals gewisse im Urteil besonders zu bezeichnende Berufe oder Gewerbe zu betreiben. Wer des Rechts, ein gewisses Gewerbe oder einen gewissen Beruf zu betreiben, für verlustig erklärt ist, kann diese auch nicht in Vertretung eines andren leiten.

§ 30. 1. Ein auf mehr als sechs Monate Gefängnis lautendes Urteil hat den Verlust jedes öffentlichen Amtes zur Folge, das der Schuldige bekleidet. Mit kürzerer Gefängnis-, sowie mit Haftstrafe ist der Verlust derjenigen öffentlichen Ämter zu verbinden, zu deren Bekleidung sich der Schuldige durch die strafbare Handlung als unfähig oder unwürdig erwiesen hat.

2. Ein auf Gefängnis von 1 Jahr und darüber lautendes Urteil hat den Verlust der in § 29, 2 erwähnten staatsbürgerlichen Rechte zur Folge. Mit kürzerer Gefängnis-, sowie mit dreijähriger oder längerer Haftstrafe ist Verlust dieser Rechte zu verbinden, insoweit sich der Schuldige durch die strafbare Handlung als ihrer unwürdig erwiesen hat.

3. Mit Verurteilung zu Gefängnis kann der Verlust der in § 29, 3 erwähnten Rechte oder eines einzelnen von diesen verbunden werden, sofern der Schuldige durch die strafbare

Handlung sich des zu der betreffenden Stellung erforderlichen Vertrauens unwürdig erwiesen oder sofern er die ihm kraft jener Stellung obliegenden Pflichten verletzt hat, und Gefahr des Rückfalls vorliegt.

4. Sonst kann die Aberkennung der in § 29 erwähnten Rechte nur in den vom Gesetz besonders vorgesehenen Fällen stattfinden.

§ 31. Ein aberkanntes Recht geht von dem Tage der Rechtskraft des Urteils verloren. Bei Aberkennung auf bestimmte Zeit wird die Zeit von der Verbüfsung der Hauptstrafe an gerechnet. Wird diese nicht verbüfst, so wird die Frist von deren Erlafs durch Begnadigung oder Verjährung gerechnet. Bei Entlassung auf Probe wird sie von dem Tage an gerechnet, an dem die Entlassung endgültig geworden ist. Ist die Vollstreckung der Hauptstrafe ausgesetzt (§ 52), so wird die Zeit vom Tage der Rechtskraft des Urteils an gerechnet, ohne Rücksicht darauf, ob die Hauptstrafe später vollstreckt wird.

§ 32. Ist jemand im Auslande wegen einer solchen strafbaren Handlung verurteilt worden, die nach norwegischem Gesetz den Verlust eines der in § 29 erwähnten Rechte zur Folge haben kann, so kann ihm auf Antrag der Anklagebehörde die betreffende Berechtigung durch Entscheidung des Verhörsgerichtes aberkannt werden.

§ 33. Ist in Rücksicht auf die Art oder die Motive einer Handlung, wegen deren jemand verurteilt wird, anzunehmen, dafs seine Anwesenheit an einem bestimmten Orte mit einer besonderen Gefahr für Person oder Eigentum eines andern verbunden ist, so kann es ihm im Urteil untersagt werden, an diesem Orte oder innerhalb einer im Urteil bestimmten Entfernung von demselben zu wohnen oder sich aufzuhalten.

Dieses Verbot kann vom Könige oder einer vom König ermächtigten Person gänzlich oder auf bestimmte Zeit mit oder ohne Bedingungen aufgehoben werden.

§ 34. Gegenstände, die durch eine strafbare Handlung hervorgebracht oder zur Verübung eines vorsätzlichen Verbrechens gebraucht oder bestimmt sind, können durch Urteil eingezogen werden, wenn sie einem an der strafbaren Handlung Beteiligten gehören.

§ 35. Gegenstände, deren eigentliche Bestimmung es ist, als Mittel zur Verübung einer strafbaren Handlung zu dienen, können, wenn es dem öffentlichen Interesse zu entsprechen scheint, durch richterliches Erkenntnis eingezogen werden, gleichgiltig wem sie gehören, und ohne dafs es erforderlich ist, dafs eine Strafverfolgung gegen eine Person eingeleitet worden ist oder eingeleitet werden kann.

§ 36. Der durch eine strafbare Handlung erlangte Gewinn oder eine dem mutmafslichen Gewinn entsprechende Summe Geldes kann auf richterliches Erkenntnis von dem Schuldigen oder demjenigen, in dessen Interesse dieser gehandelt hat, eingezogen werden, ohne dafs es erforderlich ist, dafs eine Strafverfolgung gegen eine Person eingeleitet worden ist oder eingeleitet werden kann.

Ist eine strafbare Thätigkeit gewohnheitsmäfsig betrieben worden, so kann die einzuziehende Summe nach dem mutmafslichen Gewinn der ganzen Thätigkeit berechnet werden.

§ 37. Die Einziehung geschieht, wenn nichts Andres bestimmt ist, zum Besten der Staatskasse.

Kann der durch eine strafbare Handlung Geschädigte von dem Schuldigen keinen Ersatz erhalten, so werden, soweit thunlich, die eingezogenen Gegenstände zu seiner Entschädigung verwendet.

§ 38. Wenn Personen, die nicht norwegische Staatsbürger sind, zu Gefängnis über 6 Monaten oder Haft über 3 Jahren verurteilt sind, so können sie, sofern nicht das Gegenteil durch Vertrag mit einem fremden Staate bestimmt ist, nach näheren vom König zu erlassenden Vorschriften aus dem Reiche ausgewiesen und nötigenfalls durch Vermittlung der Polizei nach ihrem Heimatsland zurückgebracht werden. Doch gilt dies nicht für eine Person, die im Reiche geboren ist und während der letzten drei Jahre hier einen festen Wohnsitz oder ununterbrochenen Aufenthaltsort gehabt hat.

§ 39. Wenn das Gericht annimmt, dafs ein Angeklagter, der freigesprochen oder gemäfs den §§ 45 oder 56 zu einer herabgesetzten Strafe verurteilt wird, wegen Zurechnungsunfähigkeit oder verminderter Zurechnungsfähigkeit die Rechtssicherheit gefährdet, so kann es bestimmen, dafs er in einer

Irren- oder Heilanstalt oder Arbeitshausabteilung für Trunksüchtige unterzubringen, oder dafs ihm ein bestimmter Aufenthaltsort anzuweisen oder zu verbieten ist. Die getroffene Mafsregel ist durch die Obrigkeit*) wieder aufzuheben, wenn sie nach eingeholtem ärztlichem Gutachten nicht mehr nötig ist.

In Schwurgerichtssachen kann das Gericht, um einen Anhalt zu haben, den Geschwornen die Frage vorlegen, ob einige und eventuell wie viele der Geschwornen für Freisprechung deswegen gestimmt haben, weil sie den Angeklagten für zurechnungsunfähig ansahen.

3. Kapitel.

Die Bedingungen der Strafbarkeit.

§ 40. Wer nicht mit Vorsatz gehandelt hat, fällt nicht unter die Strafbestimmungen dieses Gesetzes, es sei denn ausdrücklich bestimmt oder unzweideutig vorausgesetzt, dafs auch die fahrlässige Handlung strafbar sein soll.

Eine Übertretung, die in einer Unterlassung besteht, wird bestraft, auch wenn sie fahrlässig begangen ist, es sei denn das Gegenteil ausdrücklich bestimmt oder unzweideutig vorausgesetzt.

Wegen strafbarer Handlungen, die jemand im Dienste eines andern begeht, kann der Vorgesetzte bestraft werden, wenn er die Handlung wissentlich hat geschehen lassen.

Wenn der Vorgesetzte wegen einer von einem Untergebenen begangenen Übertretung nicht bestraft werden kann, so kann der Strafanspruch immer gegen den Untergebenen geltend gemacht werden, ohne Rücksicht darauf, ob die Strafdrohung ihrem Wortlaute nach nur gegen den Vorgesetzten gerichtet ist.

§ 41. Strafbare Fahrlässigkeit liegt vor, wenn jemand bei der Vornahme einer Handlung einsah oder mit Leichtigkeit hätte einsehen können, dafs er fahrlässig handele, oder wenn er, auf die durch seine Fahrlässigkeit verursachte Gefahr aufmerksam geworden, diese nicht nach Vermögen abgewendet hat.

---

*) Folglich nicht durch richterliches Erkenntnis.

Strafbare Fahrlässigkeit liegt auch vor, wenn jemand, aufser einem Notfalle, eine Kunst oder eine Beschäftigung ausübt, die eine besondere Einsicht oder Geschicklichkeit erfordert, die er nicht besitzt.

§ 42. Hat jemand bei der Vornahme einer Handlung sich im Irrtum über Umstände befunden, welche die Strafbarkeit bedingen oder von Einflufs auf den Grad der Strafbarkeit sind, so ist zu seinen Gunsten seine irrtümliche Annahme dem Urteil zu Grunde zu legen, wofern nichts Andres bestimmt oder unzweideutig vorausgesetzt ist.

Sofern der Irrtum selbst durch Fahrlässigkeit verschuldet ist, kommt in den Fällen, wo Fahrlässigkeit strafbar ist, die hierfür bestimmte Strafe zur Anwendung.

Ein Irrtum über den Wert eines Gegenstandes oder über den Betrag, auf den ein angerichteter Schaden zu schätzen ist, kommt nur in Betracht, wo die Strafbarkeit durch den Wert oder Betrag begründet wird.

§ 43. Wo das Gesetz für den Fall, dafs eine Handlung einen unbeabsichtigten Erfolg mit sich führt, die Strafbarkeit erhöht, tritt diese erhöhte Strafe lediglich dann ein, wenn der Handelnde die Möglichkeit eines solchen Erfolgs einsah oder einsehen konnte, oder es unterliefs, den Erfolg nach Vermögen abzuwenden, obwohl er auf die Gefahr aufmerksam geworden war.

§ 44. Eine strafbare Handlung ist nicht vorhanden, wenn der Thäter zur Zeit der Begehung auf Grund zurückgebliebener Entwicklung oder Schwächung der Geisteskräfte das Wesen der Handlung und ihre rechtswidrige Beschaffenheit nicht verstehen konnte, oder wenn er aus einem der genannten Gründe oder wegen Zwanges, dringender Gefahr oder eines besondren Seelenzustandes seiner selbst nicht mächtig war.

§ 45. Hat jemand, um eine strafbare Handlung zu verüben, sich in einen vorübergehenden Zustand von der im § 44 erwähnten Art versetzt, so bleibt dieser Zustand ohne Einflufs auf die Strafbarkeit.

Ist er sonst durch eigene Schuld in einen solchen Zustand geraten und nimmt er in demselben eine Handlung vor, die auch bei fahrlässiger Begehung strafbar ist, dann wird die für fahrlässige Begehung angedrohte Strafe angewendet.

§ 46. Niemand kann wegen einer Handlung bestraft werden, die er vor dem zurückgelegten 14. Jahre begangen hat.

§ 47. Niemand kann wegen einer Handlung bestraft werden, die er vorgenommen hat, um jemandes Person oder Eigentum aus einer auf andere Weise nicht zu beseitigenden Gefahr zu retten, wenn ihm diese im Verhältnis zu dem Schaden, der durch seine Handlung verursacht werden konnte, besonders grofs erscheinen mufste.

Wieweit diese Bestimmung auf denjenigen anzuwenden ist, der sich durch eigene Schuld in Notstand gebracht hat, wird nach den Umständen des Falles entschieden.

§ 48. Niemand kann wegen einer Handlung bestraft werden, die er in Notwehr vorgenommen hat.

Notwehr liegt vor, wenn eine sonst strafbare Handlung zur Abwehr oder zur Verteidigung gegen einen rechtswidrigen Angriff auf die Person oder die Vermögensrechte jemandes vorgenommen wird, falls die Handlung in den Grenzen des hierzu erforderlich Scheinenden bleibt und es in Erwägung der Gefährlichkeit des Angriffs, in Erwägung der Schuld des Angreifers oder in Erwägung des angegriffenen Rechtsgutes nicht als unbedingt verwerflich erachtet werden mufs, ein so grofses Übel, wie das durch die Handlung beabsichtigte, zuzufügen.

Was über die Abwehr eines rechtswidrigen Angriffes bestimmt ist, gilt auch für Handlungen, die vorgenommen werden, um entwichene Straf- oder Untersuchungsgefangene festzunehmen oder um ihre Entweichung zu hindern.

Ist jemand über die Grenzen der Notwehr hinausgegangen, so ist er nicht strafbar, wenn die Überschreitung nur in einer durch den Angriff hervorgerufenen Gemütsbewegung oder Bestürzung geschehen ist.

4. Kapitel.
Versuch.

§ 49. Ein strafbarer Versuch liegt vor, wenn ein Verbrechen nicht vollendet, aber eine Handlung vorgenommen ist, durch die der Thäter die Ausführung des Verbrechens zu beginnen beabsichtigte.

Der Versuch einer Übertretung ist nicht strafbar.

§ 50. Die Strafbarkeit des Versuchs fällt fort, wenn der Thäter aus eigenem freiem Willen entweder seine verbrecherische Thätigkeit aufgiebt, bevor noch ein beendeter Versuch vorliegt, oder den Eintritt des zur Vollendung des Verbrechens gehörigen Erfolges abwendet, bevor er weifs, dafs seine verbrecherische Thätigkeit entdeckt worden ist.

§ 51. Der Versuch wird milder bestraft als das vollendete Verbrechen; die Strafe kann unter das für diese angedrohte Mindestmafs und auf eine mildere Strafart herabgesetzt werden.

Die für das vollendete Verbrechen angedrohte höchste Strafe kann angewendet werden, wenn der Versuch einen Erfolg verursacht hat, der, wenn er beabsichtigt gewesen wäre, zur Anwendung einer so hohen Strafe hätte berechtigen können.

5. Kapitel.

Gründe, welche die Strafe herabsetzen oder erhöhen.

§ 52. Wenn das Gericht Geldstrafe, Haft bis zu 6 Monaten oder Gefängnis bis zu 3 Monaten verhängt, so kann es unter besonders mildernden Umständen im Urteil bestimmen, dafs die Vollstreckung der erwähnten Strafen ausgesetzt werden soll.

Das Gericht soll hierbei in Erwägung ziehen aufser der Gröfse des Verbrechens oder der Übertretung und den Umständen, unter denen es begangen wurde: das Alter und den bisherigen Lebenswandel des Schuldigen, ferner ob der Schuldige ein vollständiges und aufrichtiges Geständnis abgelegt und dem Verletzten die Genugthuung und den Ersatz, die dieser zu fordern berechtigt ist, geleistet oder sich bereit erklärt hat, nach Vermögen solchen Ersatz zu leisten. Im letztern Falle kann das Urteil als Bedingung aufstellen, dafs ein im Urteil bestimmter Ersatz binnen einer festgesetzten Frist geleistet werde.

§ 53. Begeht der gemäfs § 52 Verurteilte später vorsätzlich ein Verbrechen oder eine Übertretung und hat die deswegen innerhalb dreier Jahre nach Erlafs des Urteils gegen ihn anhängig gewordene*) Strafverfolgung das Ergebnis, dafs er zu Gefängnis verurteilt wird, so ist auch die ausgesetzte Strafe zu vollstrecken. Ist die neue strafbare Handlung keine vorsätzliche oder wird er zu einer andern Strafe als Gefängnis verurteilt, so trifft das Urteil die Entscheidung, ob die ausgesetzte Strafvollstreckung auch weiterhin ausgesetzt bleiben soll.

Wenn Ersatzleistung als Bedingung aufgestellt ist und die Frist nicht eingehalten wird, so ist die Strafe gleichfalls zu vollstrecken, es liege denn die Nichteinhaltung an Umständen, die dem Verurteilten nicht zugerechnet werden können. Wird dieses letztere behauptet, so ist die Frage gemäfs § 481 der St.P.O. zur gerichtlichen Entscheidung zu bringen; das Gericht kann geeigneten Falls eine neue Frist bestimmen oder die Bedingung fallen lassen.

Ist jemand zu einer Freiheitstrafe verurteilt, deren Vollstreckung ausgesetzt wird, und wird er innerhalb dreier Jahre nach Erlafs des Urteils wegen einer andern vor dem Urteil begangenen strafbaren Handlung verfolgt, wegen deren eine Freiheitstrafe zu verhängen ist, deren Vollstreckung nicht ausgesetzt wird, so ist auf eine Gesamtstrafe wegen beider Handlungen zu erkennen. Ist für beide Handlungen Geldstrafe, oder für die eine Freiheitstrafe, für die andre Geldstrafe verwirkt, so ist nach den Umständen des Falles zu entscheiden, ob die ausgesetzte Strafvollstreckung auch weiterhin ausgesetzt bleiben soll.

Kommt die ausgesetzte Strafe nicht zur Vollstreckung, so gilt sie als mit dem Erlafs des Urteils verbüfst.

§ 54. Bei Verkündung eines Urteils, in dem Aussetzung der Strafvollstreckung bestimmt wird, ist der Verurteilte mit den vorstehenden Bestimmungen bekannt zu machen. Wenn er das 21. Lebensjahr nicht vollendet hat, so soll der Richter ihm eine solche ernste Verwarnung und Ermahnung erteilen, wie sie den Umständen angemessen scheint; auch kann er ihn zu diesem Zwecke zu einem besondren Termin vorladen.

Die prozessualen Regeln über Strafzumessung finden auf die Frage nach der Aussetzung der Strafvollstreckung Anwendung.

---

*) Cf. § 97 norw. St.P.O. Beilage zu Z. Bd. IX.

Was vorstehend in diesem Kapitel über Urteile bestimmt ist, findet entsprechende Anwendung auf Strafmandate.

§ 55. Wegen strafbarer Handlungen, die vor dem zurückgelegten 18. Lebensjahre begangen sind, ist auf lebenslängliche Freiheitstrafe nicht zu erkennen, und die Strafe kann innerhalb derselben Strafart unter das angedrohte Mindestmafs herabgesetzt werden.

§ 56. Das Gericht kann die Strafe unter das angedrohte Mindestmafs und auf eine mildere Strafart herabsetzen, wenn jemand unter Überschreitung der Notwehr oder von berechtigtem Zorn getrieben eine strafbare Handlung begangen hat oder wenn er bei der Begehung sich in einem Zustande der in den §§ 44 und 47 erwähnten Art, jedoch nicht in so hohem Mafse befand, dafs die Schuld ausgeschlossen würde.

§ 57. Befand sich der Thäter bei Begehung der Handlung in einem Irrtum über deren Rechtswidrigkeit, so kann die Strafe, falls nicht auf Grund dieses Irrtums Freisprechung stattfindet, unter das angedrohte Mindestmafs und auf eine mildere Strafart herabgesetzt werden.

§ 58. Haben mehrere zu einem strafbaren Zwecke zusammengewirkt und ist die Mitwirkung eines einzelnen entweder im wesentlichen durch seine Abhängigkeit von einem andern der Beteiligten veranlafst worden oder im Verhältnis zu der andrer von geringer Bedeutung gewesen, so kann in Hinsicht seiner die Strafe unter das angedrohte Mindestmafs oder auf eine mildere Strafart herabgesetzt werden. Wo nach sonstigen Regeln Geldstrafe verhängt werden könnte, sowie bei Übertretungen kann die Strafe ganz fortfallen.

§ 59. Die Bestimmung des vorstehenden Paragraphen findet auch Anwendung, wenn jemand, bevor er noch wufste, dafs er verdächtig sei, nach Möglichkeit und im Wesentlichen die schädlichen Folgen seiner Handlung abgewendet oder den durch sie verursachten Schaden ersetzt oder sich selbst angezeigt und ein vollständiges Geständnis abgelegt hat.

§ 60. Befand sich der Verurteilte in Untersuchungshaft, die er sich nicht durch sein Verhalten in der Sache zugezogen hat, so soll diese im Urteilsspruch ganz oder teilweise auf die verwirkte Strafe angerechnet werden, auch in der Weise, dafs diese als gänzlich verbüfst erachtet werden kann.

§ 61. Die Bestimmungen über Strafschärfung im Rückfalle finden nur auf diejenigen Anwendung, die bei der Begehung der früheren strafbaren Handlung das 18. Lebensjahr vollendet hatten und die neue strafbare Handlung nach gänzlicher oder teilweiser Verbüfsung der ersten Strafe begangen haben. Ebenso unterbleibt, wenn nichts Anderes bestimmt ist, die Strafschärfung, sofern die neue strafbare Handlung mehr als sechs Jahre, wenn es ein Verbrechen ist — mehr als zwei Jahre, wenn es eine Übertretung ist — nach Ablauf der Vollstreckung der früheren Strafe begangen wurde.

Das Gericht kann im Ausland verhängte frühere Strafen in gleicher Weise wie im Inland erkannte als Strafschärfungsgrund verwenden.

§ 62. Hat jemand durch eine oder durch mehrere Handlungen mehrere Verbrechen oder Übertretungen begangen, wegen deren Gefängnis oder Haft zu verhängen wäre, so ist auf eine Gesamtstrafe zu erkennen, die strenger sein mufs als die höchste für eine einzelne der strafbaren Handlungen angedrohte Mindeststrafe und die in keinem Falle das für eine der strafbare Handlungen angedrohte Höchstmafs um mehr als die Hälfte übersteigen darf. Die Gesamtstrafe wird in der Regel in Gefängnis festgesetzt, wenn eine der strafbaren Handlungen Gefängnis nach sich gezogen haben würde.

Insoweit eine der strafbaren Handlungen Gefängnis nach sich gezogen haben würde, werden, auch wenn Haft angewendet wird, die gleichen Nebenstrafen verhängt, als wenn Gefängnis angewendet wäre.

§ 63. Hat jemand durch eine oder durch mehrere Handlungen mehrere Verbrechen oder Übertretungen begangen, wegen deren Geldstrafe verwirkt ist, so ist auf eine Gesamtstrafe zu erkennen, die strenger als diejenige Geldstrafe sein mufs, die eine einzelne der strafbaren Handlungen nach sich gezogen haben würde.

Das Gericht kann, wenn wegen einzelner der Verbrechen oder Übertretungen Freiheitstrafe, wegen anderer Geldstrafe verwirkt ist, die Verhängung dieser letzteren unterlassen und statt dessen die Verbrechen oder Übertretungen, die mit Geldstrafe bedroht sind, als erschwerende Umstände betrachten.

§ 64. Wird ein bereits Verurteilter wegen einer vor der früheren Verurteilung begangenen strafbaren Handlung verurteilt, so hat bei Festsetzung der Strafe den Vorschriften der §§ 62 und 63, soweit möglich, Genüge zu geschehen.

In diesem Falle kann auf Freiheitstrafe unter 21 Tage erkannt werden.

Sind Geldstrafen aus mehreren Urteilen in Freiheitstrafe umzuwandeln, so kommt, wenn die strafbaren Handlungen begangen sind, bevor eine einzige von ihnen abgeurteilt wurde, derjenige Teil der Freiheitstrafe in Wegfall, der das übersteigt, was in einem Urteil hätte verhängt werden können.

§ 65. Hat jemand sich mehrerer vollendeter oder versuchter Verbrechen schuldig gemacht, die nach den §§ 148, 149, 152 erster Absatz, 154 erster Absatz, 159, 160, 161, 174, 178 vgl. 174, 191, 192, 193, 195, 196, 197, 198, 200, 201, 202, 203, 204, 217, 224, 227, 230, 231, 233, 245 zweiter Absatz, 261, 266, 267, 268 oder 292 mit Strafe bedroht sind, so kann das Gericht beschliefsen, den Geschwornen die Frage vorzulegen, ob der Thäter in Anbetracht der Art der Verbrechen, der ihnen zu Grunde liegenden Beweggründe oder der in ihnen sich offenbarenden Gesinnung, als besonders gefährlich für die menschliche Gesellschaft oder für das Leben, die Gesundheit oder das Wohl einzelner angesehen werden mufs.

Wird die Frage bejaht, so kann das Urteil bestimmen, dafs der Verurteilte, solange es erforderlich erscheint, im Gefängnis zurückbehalten werden kann, jedoch nach Verbüfsung der festgesetzten Strafzeit nicht über das Dreifache dieser Zeit hinaus und in keinem Falle länger als 15 Jahre über die Strafzeit hinaus.*)

---

*) Mit dieser Bestimmung ist § 24 des Entwurfes zum Gesetz über die Vollstreckung der Freiheitstrafen zu vergleichen. Derselbe lautet:

Wer nach § 65 des Strafgesetzes verurteilt worden ist, kann gleichfalls nach Ablauf der im Urteil bestimmten Strafzeit auf Probe entlassen werden, wenn anzunehmen ist, dafs dies ohne besondere Gefahr geschehen kann; und diese Entlassung wird endgültig, wenn er nicht binnen 5 Jahren wieder eingeliefert wird oder festgenommen wird, um eingeliefert zu werden. Der auf diese Weise Verurteilte kann, wenn er nicht nach Ablauf der bestimmten Strafzeit entlassen wird, in ein Zwangsarbeitshaus überführt werden. In jedem Falle ist am Ausgang jedes folgenden Jahres die Frage einer Entlassung aufs neue in Erwägung zu ziehen.

6. Kapitel.

Strafaufhebungsgründe.

§ 66. Die Möglichkeit, die Strafverfolgung einzuleiten oder ein Strafurteil zu erlassen, fällt weg

1. durch den Tod des Schuldigen;
2. durch Verjährung nach folgenden Regeln.

§ 67. Die Strafverfolgung verjährt bei strafbaren Handlungen, die im Höchstbetrag bedroht sind mit:

lebenslänglichem Gefängnis, in 25 Jahren;
zeitigem Gefängnis über 10 Jahren, in 20 Jahren;
Gefängnis bis zu 10 Jahren, in 15 Jahren;
Gefängnis bis zu 5 Jahren, in 10 Jahren;
Gefängnis bis zu 2 Jahren, in 5 Jahren;
Gefängnis bis zu 6 Monaten, in 2 Jahren.

Bei strafbaren Handlungen, die im Höchstbetrage mit Haft bedroht sind, verjährt die Strafverfolgung in der Hälfte der für Gefängnisstrafe bestimmten Zeit.

Die Verfolgung andrer strafbarer Handlungen verjährt in einem Jahre.

§ 68. Die vorstehenden Bestimmungen hindern nicht, dafs ein Verfahren auf Einziehung nach §§ 35 und 36, sowie auf Verurteilung zum Verlust öffentlicher Ämter eingeleitet wird, wenn es den Umständen nach notwendig erscheint.

§ 69. Der Lauf der Verjährung beginnt mit dem Tage, an welchem die strafbare Thätigkeit abgeschlossen ist, oder das strafbare Verhalten aufgehört hat.

Wenn jedoch die Strafbarkeit einer Handlung von einem eingetretenen Erfolg abhängt oder dadurch beeinflufst wird, so beginnt der Lauf der Verjährung in keinem Falle vor dem Eintritt des Erfolges.

Ist infolge der strafbaren Handlung jemand zu Unrecht durch Urteilsspruch oder auf andre Weise der Freiheit beraubt worden, so beginnt der Lauf der Verjährung erst an dem Tage, da der solchergestalt Verletzte die Freiheit wiedererlangt hat oder gestorben ist.

Ist eine strafbare Handlung auf einem norwegischen Schiffe begangen, so beginnt der Verlauf der Verjährung erst an dem Tage, wo das Schiff einen norwegischen Hafen oder einen Platz mit einem norwegischen Konsul erreicht hat; jedoch wird der Anfang der Verjährung in keinem Falle länger als ein Jahr aufgeschoben.

§ 70. Der Lauf der Verjährung wird durch jede prozessuale Handlung unterbrochen, die gegen den Thäter als Beschuldigten gerichtet ist.

Wird das Verfahren eingestellt oder auf unbestimmte Zeit ausgesetzt, so fängt die Verjährung von diesem Zeitpunkte wieder an zu laufen.

Kann das Verfahren nicht eingeleitet oder fortgesetzt werden, bevor ein in einem andern Verfahren anhängiger Anspruch entschieden ist, so beginnt die Verjährung nicht zu laufen, solange dieses Verfahren ohne Unterbrechung fortgesetzt wird.

§ 71. Nach dem Tode des Verurteilten kann keine Strafe vollstreckt werden; jedoch hat sein Tod keinen Einfluſs auf die im Urteil bestimmte Einziehung bestimmter Gegenstände oder des Gewinns der strafbaren Handlung; ebenso nicht auf die Bestimmungen über die Bekanntmachung des Urteils.

§ 72. Die Strafvollstreckung verjährt:

bei lebenslänglichem Gefängnis, in 30 Jahren;
bei zeitigem Gefängnis über 10 Jahre, in 25 Jahren;
bei Gefängnis bis zu 10 Jahren, in 20 Jahren;
bei Gefängnis bis zu 5 Jahren, in 15 Jahren;
bei Gefängnis bis zu einem Jahre, in 10 Jahren;
bei Gefängnis bis zu 3 Monaten, in 5 Jahren;
bei Haft, in der Hälfte der für Gefängnisstrafen bestimmten Zeit; jedoch nicht, bevor die verhängte Strafzeit und jedenfalls 5 Jahre verflossen sind;
bei Geldstrafe über 20 Kronen, in 5 Jahren;
bei Geldstrafe bis zu 20 Kronen, in 2 Jahren,

alles von der Rechtskraft des Urteils an gerechnet.

Kann die Vollstreckung wegen Verbüſsung einer andren Freiheitstrafe im In- oder Auslande oder wegen Aussetzung nach § 52 nicht begonnen werden, so läuft während dieses Zeitraumes keine Verjährung.

§ 73. Der Lauf der Verjährung wird durch den Anfang der Strafvollstreckung oder durch die Festnahme des Verurteilten in der Absicht, die Vollstreckung zu sichern, unterbrochen.

Wird er entlassen oder entweicht er, ohne dafs die Strafvollstreckung angefangen hat, oder wird die Strafvollstreckung unterbrochen, so beginnt von diesem Zeitpunkt eine neue Verjährung, deren Frist nach dem nicht verbüfsten Teil der Strafe berechnet wird.

Wenn eine Entlassung auf Probe widerrufen wird, so beginnt der Lauf der Verjährung mit dem Widerrufe.

§ 74. Der Lauf der Verjährung wird auch dann unterbrochen, wenn jemand, der zu mehr als 6 Monaten Gefängnis verurteilt ist, eines nach dem Urteile begangenen Verbrechens schuldig befunden und deswegen im In- oder Auslande zu Freiheitstrafe über zwei Jahren verurteilt wird.

Jedoch fängt von der Begehung des letzten Verbrechens (§ 69) eine neue Verjährung zu laufen an.

§ 75. Wenn eine der verhängten Strafe gleiche Zeitdauer und in jedem Falle mindestens 3 Jahre verflossen sind (§ 31), so kann derjenige, der zu Verlust der staatsbürgerlichen Rechte (§ 29, 2) verurteilt ist, in diese wieder eingesetzt werden, sofern hinreichender Nachweis dafür erbracht wird, dafs er seit dem Urteil einen ehrenhaften Lebenswandel geführt und nach Vermögen den durch die strafbare Handlung verursachten Schaden ersetzt hat.

Wer zu Haft oder Gefängnis unter einem Jahr verurteilt ist, hat nach Ablauf von 5 Jahren ein Recht auf Wiedereinsetzung, wenn er während dieses Zeitraumes sich im Inland aufgehalten hat und es nicht bekannt ist, dafs er sich unehrenhaften Verhaltens schuldig gemacht habe. Das Gleiche gilt für den zu Gefängnis unter 5 Jahren Verurteilten, wenn 10 Jahre verflossen sind.

§ 76. Der Antrag auf Wiedereinsetzung ist an die Anklagebehörde zu richten, die das Verfahren vorbereitet und bei dem Verhörsgericht des Wohnortes oder letzten inländischen Wohnortes des Verurteilten anhängig macht. Über den Antrag entscheidet das Gericht, nötigen Falles nach Anhörung des Verurteilten und Vernehmung von Zeugen.

Auf das Verfahren, die Entscheidung und die Beschwerde gegen diese finden die Regeln der St.P.O. Anwendung.

Wird der Antrag abgelehnt, so kann er erst nach Ablauf von zwei Jahren wiederholt werden.

7. Kapitel.
Die Strafklage.

§ 77. Wegen strafbarer Handlungen wird, wenn nichts Andres bestimmt ist, die öffentliche Strafklage erhoben.

§ 78. In den Fällen, wo nur der Verletzte die Anklage erheben kann, oder wo die öffentliche Verfolgung nur auf seinen Antrag stattfindet, treten an seine Stelle, wenn er noch nicht 18 Jahre alt ist, sein Vormund und ein jedes von seinen Eltern, oder Grofseltern, wenn die Eltern gestorben sind. Doch kann bei Körperverletzung oder Beleidigung die Anklage gegen den ausdrücklich ausgesprochenen Willen des Verletzten nicht erhoben werden, wenn er über 16 Jahre alt ist. Hat der Verletzte das sechzehnte Lebensjahr vollendet, so kann er auch selbständig die öffentliche Strafverfolgung beantragen.

Ist der Verletzte geisteskrank, so treten der Vormund, der Ehegatte, die Eltern und die grofsjährigen Kinder, oder wenn weder Eltern noch grofsjährige Kinder vorhanden sind, die Grofseltern an seine Stelle.

Ist der Verletzte gestorben, so können der Ehegatte, die Verwandten in gerader Linie, die Geschwister und die Erben die Anklage erheben oder den Strafantrag stellen.

§ 79. Ist ein nach § 78 zum Antrage Berechtigter nicht vorhanden, oder ist die strafbare Handlung von einem nach § 78 zum Antrage Berechtigten begangen, so kann der Strafantrag von der Amtsbehörde*) gestellt werden.

§ 80. Wo die Verfolgung nicht von Amts wegen eintritt, mufs die Privatklage erhoben und der Strafantrag gestellt werden innerhalb sechs Monaten, nachdem der hierzu Berechtigte Kenntnis von der strafbaren Handlung und von dem Thäter erlangt hat.

Für diejenigen Personen, deren Berechtigung die §§ 78 und 79 festsetzen, beginnt die Frist nicht zu laufen, ehe ihre Berechtigung eingetreten ist.

---

*) d. h. dem «Amtmand» (Vorsteher eines der 20 «Ämter» Norwegens), der auch die Vormundschaftsangelegenheiten unter sich hat.

Auf das Antragsrecht kann nicht verzichtet werden.

§ 81. Der Strafantrag kann auf den oder die Urheber des verbrecherischen Entschlusses beschränkt werden.

Im übrigen darf er, wenn er Berücksichtigung finden soll, keinen Mitschuldigen von der Verfolgung ausschliefsen; auf Mitschuldige, die nicht ausdrücklich ausgeschlossen sind, kann das Verfahren von Amts wegen ausgedehnt werden.*)

§ 82. Die Zurücknahme des Antrags ist wirkungslos, soweit nicht anders bestimmt ist, und jedenfalls, wenn der Beschuldigte die Fortsetzung des Verfahrens begehrt, oder wenn die Zurücknahme erst nach Erhebung der Anklage erfolgt.

Wenn der Thäter die strafbare Handlung gegen einen Angehörigen begangen hat, sowie in den Fällen der §§ 209, 210 und 409—412 ist die Zurücknahme des Antrags zulässig.

Ein zurückgenommener Antrag kann nicht wieder erneuert werden.

Zweiter Teil.

Verbrechen.

8. Kapitel.

Verbrechen gegen die Selbständigkeit und Sicherheit des Staats.

§ 83. Wer rechtswidrig zu bewirken oder dazu mitzuwirken sucht, dafs Norwegen oder ein Teil des Reiches unter fremde Herrschaft gebracht oder einem andren Staate einverleibt wird, oder dafs ein Teil des Reiches vom Ganzen losgerissen wird, wird mit Haft oder Gefängnis nicht unter acht Jahren oder mit lebenslänglichem Gefängnis bestraft.

§ 84. Wer rechtswidrig bewirkt oder dazu mitwirkt, dafs Norwegen oder einem mit Norwegen während eines ausgebrochenen Krieges verbündeten Staat der Krieg erklärt wird oder Feindseligkeiten zugefügt werden, wird mit Haft oder Gefängnis nicht unter fünf Jahren oder mit lebenslänglichem Gefängnis bestraft.

*) vgl. hierzu §§ 265, Abs. 3, 266, 279.

§ 85. Wer durch völkerrechtswidriges Verhalten gegen einen fremden Staat Norwegen einer Kriegsgefahr oder Repressalien aussetzt, oder wer dazu mitwirkt, wird mit Haft bis zu zwei Jahren und, wenn der Krieg ausgebrochen ist, bis zu vier Jahren bestraft.

Unter besonders erschwerenden Umständen tritt Gefängnis von gleicher Dauer ein.

§ 86. Wer die Waffen gegen Norwegen trägt oder während eines Krieges, an dem Norwegen teilnimmt, oder mit Rücksicht auf einen solchen Krieg der feindlichen Macht durch Rat oder That Hilfe leistet oder den Streitkräften Norwegens oder eines mit Norwegen verbündeten Staates Nachteil zufügt, wird mit Haft oder Gefängnis nicht unter drei Jahren oder mit lebenslänglichem Gefängnis bestraft.

Straflos bleiben norwegische Staatsbürger, die im Auslande ihren Wohnsitz haben, wegen solcher Handlungen, zu denen sie nach den Gesetzen ihres Wohnsitzes verpflichtet sind.

§ 87. Wer zur Zeit eines Krieges

1. feindliche Kundschafter verbirgt, aufnimmt oder ihnen sonst Beistand leistet; oder
2. dazu mitwirkt, dafs eine nach dem Militärstrafgesetze mit 3 Jahren Gefängnis oder strengerer Strafe bedrohte Handlung begangen wird,

wird mit Haft oder Gefängnis von sechs Monaten bis zu vier Jahren bestraft.

In gleicher Weise wird bestraft, wer sich gegen einen mit Norwegen während des Krieges verbündeten Staat wie vorstehend vergeht.

§ 88. Wer zur Zeit eines Krieges seine Pflichten aus Verträgen über Versorgung oder Beförderung der Kriegsmacht verletzt, oder wer dazu mitwirkt, wird mit Gefängnis von sechs Monaten bis zu vier Jahren, wenn er aber in der Absicht gehandelt hat, jemandem einen unberechtigten Gewinn zu verschaffen, bis zu zehn Jahren — und wenn aufserdem eine schwere Körperverletzung oder Gesundheitsbeschädigung oder der Tod eines Menschen verursacht ist, mit Gefängnis von drei Jahren bis auf Lebenszeit bestraft.

Ist das Verbrechen in der Ausübung eines Berufes oder Gewerbes begangen, so kann dem Thäter die Befugnis, den Beruf oder das Gewerbe fortzusetzen, entzogen werden.

Ist der Vertragsbruch aus Fahrlässigkeit geschehen, so tritt Geldstrafe oder Haft oder Gefängnis bis zu sechs Monaten ein.

In gleicher Weise wird bestraft, wer sich gegen einen mit Norwegen während des Krieges verbündeten Staat wie vorstehend vergeht.

§ 89. Wer in einer Unterhandlung oder bei dem Abschlufs eines Vertrages zwischen Norwegen und einem andren Staate gegen das Wohl Norwegens handelt oder dieses wahrzunehmen unterläfst, oder wer durch Verleitung oder Anreizung dazu mitwirkt, wird mit Haft oder Gefängnis nicht unter einem Jahre bestraft.

Wer sich, wie vorstehend, aus Fahrlässigkeit vergeht, wird mit Geldstrafe oder mit Haft bis zu zwei Jahren bestraft.

§ 90. Wer bewirkt oder dazu mitwirkt, dafs Dinge, deren Geheimhaltung einem andren Staate gegenüber für die Sicherheit des Reiches erforderlich ist, offenbart werden, wird mit Haft oder Gefängnis bis zu drei Jahren und, wenn das Geheimnis einem andren Staate verraten oder bedeutende Gefahr dadurch verursacht ist, von 1 bis zu 10 Jahren bestraft.

Ist die Handlung aus Fahrlässigkeit geschehen, so tritt Geldstrafe oder Haft bis zu einem Jahre ein.

War das Geheimnis dem Thäter in amtlicher Stellung anvertraut, so kann die angedrohte Freiheitstrafe bis um die Hälfte erhöht werden.

§ 91. Wer sich oder andre in den Besitz eines in § 90 beschriebenen Geheimnisses setzt, um es zu offenbaren, oder wer dazu mitwirkt, wird mit Haft oder Gefängnis bis zu zwei Jahren bestraft; Gefängnis bis zu sechs Jahren tritt ein, wenn die Absicht bestand, es an einen andren Staat zu verraten, oder wenn durch die Offenbarung bedeutender Schaden verursacht worden wäre.

Wer in andren Fällen sich oder andre unberechtigt in den Besitz eines solchen Geheimnisses setzt, wird mit Geldstrafe oder mit Haft bis zu einem Jahre bestraft.

§ 92. Wer zur Zeit eines Krieges einem erlassenen Verbote zuwider öffentliche Mitteilungen über die Kriegsmacht oder über Kriegsunternehmungen macht, oder wer dazu mitwirkt, wird mit Geldstrafe oder mit Haft oder Gefängnis bis zu zwei Jahren bestraft.

§ 93. Wer bewirkt oder dazu mitwirkt, dafs eine Urkunde oder ein andrer Gegenstand, der für die Sicherheit oder das Wohl des Reiches von Bedeutung ist, verfälscht, vernichtet oder beiseite gebracht wird, wird mit Gefängnis von zwei bis zu acht Jahren und, wenn dadurch bedeutender Schaden entstanden ist, bis zu 12 Jahren bestraft.

§. 94. Wer sich mit einer oder mehreren Personen zu dem Zwecke verbindet, eines der in §§ 83, 84, 86 oder 90 vorgesehenen Verbrechen zu begehen, wird mit Haft oder Gefängnis bis zu zehn Jahren bestraft, doch in keinem Falle mit höherer Strafe als zwei Dritteln der höchsten für das vollendete Verbrechen angedrohten Strafe.

In gleicher Weise wird bestraft, wer

1. öffentlich zur Ausführung eines solchen Verbrechens auffordert;
2. sich mit einer fremden Macht in der Absicht einläfst, ein solches zu begehen;
3. in gleicher Absicht einen militärischen Befehl sich anmafst oder ausübt oder Mannschaften oder bewaffnete Haufen sammelt oder gesammelt hält; oder
4. zu einer in diesem Paragraph vorgesehenen Handlung mitwirkt.

§ 95. Wer das friedliche Verhältnis zwischen Norwegen und einem andren Lande durch öffentliche Verhöhnungen oder Anreizungen zum Hasse gegen Norwegen oder die norwegische Regierung oder gegen ein andres Land oder dessen Regierung, oder dadurch gefährdet, dafs er ohne nachweisbare Unterlagen einer Regierung ungerechte oder schändliche Handlungen beimifst, oder wer dazu mitwirkt, wird mit Geldstrafe oder mit Haft oder Gefängnis bis zu einem Jahre bestraft.

§ 96. Auf Handlungen gegen ein fremdes Staatsoberhaupt finden die Paragraphen 102 und 103 entsprechende Anwendung; und zugleich die §§ 99, 100 und 101, sofern dasselbe sich mit Zustimmung der norwegischen Regierung im Inlande aufhält.

Wenn die in den Kapiteln 21, 22 und 23 vorgesehenen Verbrechen gegen den Gesandten eines fremden Staates während seines Aufenthalts im Inlande begangen werden, so können die sonst bestimmten Freiheitstrafen bis um die Hälfte erhöht werden.

§ 97. Die Vorschriften dieses Kapitels finden auch auf den schwedischen Staat Anwendung, und in Rücksicht auf diese Vorschriften wird die schwedische Staatsangehörigkeit der norwegischen in jeder Beziehung gleichgestellt.

9. Kapitel.

Verbrechen gegen die Staatsverfassung und das Staatsoberhaupt Norwegens.

§ 98. Wer zu bewirken oder dazu mitzuwirken sucht, dafs die Verfassung des Reichs durch gesetzwidrige Mittel geändert wird, wird mit Haft nicht unter fünf Jahren bestraft.

§ 99. Wer bewirkt oder dazu mitwirkt, dafs der König, der Regent, die Interimsregierung, das Ministerium, das Storthing oder eine seiner Abteilungen, der Oberste Gerichtshof oder das Reichsgericht,*) durch Gewalt oder Drohung in der freien Ausübung ihrer Verrichtungen gehindert werden, wird mit Haft nicht unter fünf Jahren bestraft.

§ 100. Wer bewirkt oder dazu mitwirkt, dafs der König oder der Regent des Lebens beraubt wird. ist mit lebenslänglichem Gefängnis zu bestrafen.

Gleiche Strafe trifft den Versuch.

§ 101. Wer bewirkt oder dazu mitwirkt, dafs gegen den König oder Regenten Gewaltthätigkeiten oder andre Körperverletzungen begangen werden, wird mit Gefängnis nicht unter zwei Jahren bestraft. Auf lebenslängliches Gefängnis kann erkannt werden, wenn eine schwere Körperverletzung oder Gesundheitsschädigung zugefügt oder zuzufügen versucht ist.

Wird eine Beleidigung gegen den König oder Regenten begangen, so tritt Haft oder Gefängnis bis zu fünf Jahren ein.

§ 102. In jedem Falle, wo eines der in den Kapiteln 19,

*) Das norwegische Reichsgericht urteilt in Strafsachen gegen die Minister, die Mitglieder des obersten Gerichtshofs und des Storthings.

20, 21, 22 oder 23 behandelten Verbrechen gegen ein Mitglied des königlichen Hauses begangen wird, kann die dafür angedrohte Freiheitstrafe bis auf das Doppelte erhöht werden, und lebenslängliches Gefängnis kann verhängt werden, wenn die gewöhnliche Strafe acht Jahre Gefängnis erreicht.

§ 103. Wegen der nach den §§ 101 und 102 strafbaren Beleidigungen wird Anklage nur auf Befehl des Königs oder mit seiner Zustimmung erhoben.

§ 104. Handlungen der in § 94 vorgesehenen Art werden mit Haft bis zu acht Jahren bestraft, wenn die Absicht auf die Verübung von Verbrechen gegen §§ 98 oder 99 gerichtet war, und mit Gefängnis bis zu acht Jahren, wenn die Absicht auf die Verübung von Verbrechen gegen § 100 gerichtet war.

Auf die in den §§ 98 und 99 vorgesehenen Verbrechen findet § 97 entsprechende Anwendung.

10. Kapitel.

Verbrechen, die sich auf die Ausübung staatsbürgerlicher Rechte beziehen.

§ 105. Wer durch Drohung, durch Leistung oder Versprechen von Vorteilen oder durch lügenhafte Vorspiegelungen einen ungebührlichen Einfluss auf die Stimmabgabe eines andren in einer öffentlichen Angelegenheit auszuüben oder jemanden an der Abstimmung zu hindern sucht, oder wer dazu mitwirkt, wird mit Haft bis zu drei Jahren bestraft. Sind besonders mildernde Umstände vorhanden, so kann auf Geldstrafe erkannt werden.

§ 106. Wer bei einer Abstimmung in einer öffentlichen Angelegenheit Vorteile sich versprechen läßt oder annimmt und aus diesem Grunde entweder in bestimmter Weise stimmt, oder sich der Stimme enthält, oder die Zusage abgibt, daß er in bestimmter Weise stimmen oder sich der Stimme enthalten werde, wird mit Geldstrafe oder Gefängnis bis zu 6 Monaten bestraft.

§ 107. Wer durch unwahres Vorgeben unberechtigt sich oder einem andren die Anerkennung eines Stimmrechts in öffentlichen Angelegenheiten verschafft, oder wer sich oder einem andern unberechtigt die Teilnahme an einer Abstimmung erschleicht, wird mit Haft bis zu drei Jahren bestraft.

Gleiche Strafe trifft den, der durch ein widerrechtliches Verhalten bewirkt oder dazu mitwirkt, dafs jemand in andrem Sinne stimmt, als er seine Stimme abzugeben beabsichtigte, oder dafs er eine ungültige Stimme abgibt oder sich des Stimmens enthält.

Sind besonders mildernde Umstände vorhanden, so kann auf Geldstrafe erkannt werden.

§ 108. Wer durch ein widerrechtliches Verhalten bewirkt oder dazu mitwirkt, dafs das Ergebnis einer Abstimmung in einer öffentlichen Angelegenheit verfälscht oder vereitelt wird, oder dafs eine abgegebene Stimme nicht mitgerechnet wird, wird mit Haft bis zu vier Jahren bestraft.

§ 109. Neben jeder auf Grund der §§ 105—108 verhängten Freiheitstrafe kann auf Verlust des Stimmrechts erkannt werden.

11. Kapitel.

Verbrechen im Amte.

§ 110. Ein Richter, Geschworner oder Skjønsmand*), der als solcher wider besseres Wissen handelt, wird mit Gefängnis bis zu fünf Jahren bestraft.

Hat er dadurch bewirkt oder dazu mitgewirkt, dafs jemand in einer Strafsache zu Unrecht oder zu härterer Strafe, als verdient, verurteilt wird, so tritt Gefängnis nicht unter zwei Jahren ein.

Ist zufolge der verbrecherischen Handlung eine Todesstrafe vollstreckt oder eine Freiheitstrafe von mehr als fünf Jahre verbüfst worden, so kann lebenslängliches Gefängnis verhängt werden.

§ 111. Ein öffentlicher Beamter, der zu seinem Vorteil, zu dem eines andern Beamten oder des Staates eine ungesetzliche Steuer, Abgabe oder Gebühr für amtliche Verrichtungen einfordert, oder der eine ihm aus Irrtum angebotene Leistung der erwähnten Art als geschuldet entgegennimmt, wird mit Gefängnis bis zu 5 Jahren bestraft.

*) Ein solcher Sachverständiger in Zivilsachen, dessen formelles Gutachten den Richter bindet.

Wenn er das in gutem Glauben Erhobene nach Erkenntnis seines Versehens zurückbehält, so tritt Geldstrafe, Amtsverlust oder Gefängnis bis zu 3 Monaten ein.

§ 112. Ein öffentlicher Beamter, der für die Vornahme oder Unterlassung einer Amtshandlung einen unberechtigten Vorteil für sich oder einen andren fordert oder annimmt oder sich versprechen läfst, obwohl er weifs, dafs der Vorteil ihm gewährt oder versprochen wird, um sein Verhalten in dienstlichen Angelegenheiten zu beeinflussen, wird mit Geldstrafe, Amtsverlust oder mit Gefängnis bis zu sechs Monaten bestraft.

§ 113. Enthielt in dem in § 112 vorgesehenen Falle die Handlung oder Unterlassung, für die der Vorteil angenommen oder versprochen wurde, eine Verletzung seiner Amtspflicht, oder hat sich der Beamte geweigert, eine Amtshandlung vorzunehmen, um dadurch einen solchen Vorteil für sich oder einen andren zu erzwingen, so tritt Gefängnis bis zu fünf Jahren ein.

Gleiche Strafe trifft den, der einen Vorteil annimmt, obwohl er weifs, dafs er ihm gewährt wird, weil er eine pflichtwidrige Amtshandlung vorgenommen hat.

§ 114. Wenn ein Richter, Geschworner, Skjønsmand oder Sachverständiger, damit er als solcher in einem Rechtsstreit zu Gunsten oder zum Nachteil der einen oder der andern Partei handle, oder weil er so gehandelt hat, einen unberechtigten Vorteil für sich oder einen andren fordert, annimmt oder sich versprechen läfst, so wird er mit Gefängnis bis zu acht Jahren bestraft.

Das Vorstehende gilt auch für Schiedsrichter, soweit der Schiedsspruch die Wirkungen eines gerichtlichen Urteils hat.

§ 115. Ein öffentlicher Beamter, der, um in einer Strafsache eine Aussage bestimmter Richtung oder ein Geständnis zu erlangen, ungesetzliche Mittel anwendet, wird mit Geldstrafe, Amtsverlust oder Haft bis zu zwei Jahren bestraft.

§ 116. Ein öffentlicher Beamter, der dem Gesetz zuwider die Durchsuchung eines Hauses oder einer Person oder die Beschlagnahme von Briefen oder Telegrammen vornimmt, wird mit Amtsverlust oder mit Haft bis zu zwei Jahren bestraft.

Ein öffentlicher Beamter, der dem Gesetz zuwider, eine Freiheitstrafe vollstreckt oder eine Verhaftung, vorläufige Festnahme oder andre Freiheitsentziehung, Landesverweisung oder Ausweisung aus bestimmten Orten vornimmt, oder eine Freiheitsentziehung verlängert oder verschärft, wird mit Amtsverlust oder mit Gefängnis bis zu sechs Jahren bestraft.

Sind besonders mildernde Umstände vorhanden, besteht namentlich das Verbrechen lediglich in Vernachlässigung des gesetzlichen Verfahrens oder in einer Überschreitung der dem betreffenden Beamten zustehenden Amtsgewalt, so tritt Geldstrafe, Amtsverlust oder Haft bis zu zwei Jahren ein.

§ 117. Ein öffentlicher Beamter, der durch Mifsbrauch seiner Stellung die gesetzliche Verurteilung jemandes zu Strafe oder zu der verdienten Strafe verhindert, oder der aufserhalb der im Gesetze vorgesehenen Fälle oder auf eine andre als die im Gesetz bestimmte Weise eine strafbare Handlung zu verfolgen unterläfst, wird mit Amtsverlust oder mit Haft oder Gefängnis bis zu drei Jahren bestraft.

Sind besonders mildernde Umstände vorhanden, so kann auf Geldstrafe erkannt werden.

§ 118. Ein öffentlicher Beamter, der durch pflichtwidriges Verhalten im Dienste bewirkt, dafs ein Beschuldigter oder Verurteilter entweicht, oder dafs eine erkannte Strafe nicht vollstreckt wird, oder dafs eine mildere Strafe, als die erkannte, vollstreckt wird, wird mit Amtsverlust oder mit Haft oder Gefängnis bis zu fünf Jahren bestraft.

Sind besonders mildernde Umstände vorhanden, so kann auf Geldstrafe erkannt werden.

§ 119. Hat ein öffentlicher Beamter in einem dienstlichen Protokoll etwas Unwahres angeführt oder etwas Wahres verheimlicht, oder hat er bei der Ausfertigung einer Protokollabschrift, eines Telegrammes oder einer Telephonmitteilung oder durch Stempelung, Unterzeichnung oder eine andre dienstliche Erklärung, die zu Beweiszwecken abgegeben wird, etwas Unwahres angeführt oder bezeugt oder etwas Wahres verheimlicht, so wird er mit Amtsverlust oder mit Gefängnis bis zu drei Jahren und, sofern er gehandelt hat, um sich oder einem andren einen unberechtigten Gewinn zu verschaffen, oder um jemandem Schaden zuzufügen, mit Gefängnis bis zu 6 Jahren bestraft.

§ 120. Wenn ein öffentlicher Beamter ohne triftigen Grund etwas offenbart, was ihm in dienstlicher Veranlassung anvertraut worden ist, oder was durch das Gesetz oder eine sonstige giltige Verordnung als Dienstgeheimnis bezeichnet ist, so wird er mit Geldstrafe, Amtsverlust oder mit Gefängnis bis zu sechs Monaten bestraft.

Geschieht die Offenbarung, um zum Nachteil eines dritten sich selbst oder einem andren einen unberechtigten Gewinn zu verschaffen, oder benutzt ein öffentlicher Beamter ein Dienstgeheimnis in solcher Absicht, so wird er mit Amtsverlust oder mit Gefängnis bis zu zwei Jahren bestraft.

Die vorstehenden Bestimmungen finden auch auf denjenigen Anwendung, der ihnen nach seinem Ausscheiden aus dem Dienste hinsichtlich dessen zuwiderhandelt, was er auf dem Dienstwege in Erfahrung gebracht hatte.

§ 121. Ein öffentlicher Beamter, der einen ihm in dienstlicher Veranlassung anvertrauten Brief öffnet oder einem andren zu öffnen erlaubt, wird mit Amtsverlust oder mit Gefängnis bis zu drei Jahren; und wenn er das Verbrechen begeht, um jemandem einen unberechtigten Gewinn zu verschaffen, bis zu 6 Jahren bestraft.

§ 122. Mifsbraucht ein öffentlicher Beamter seine Stellung dazu, um durch Vornahme oder Unterlassung von Amtshandlungen fremde Rechte zu verletzen, so wird er mit Geldstrafe oder Amtsverlust oder mit Gefängnis bis zu einem Jahre bestraft.

Hat er in der Absicht gehandelt, jemandem einen unberechtigten Gewinn zu verschaffen, oder ist durch das Verbrechen ein bedeutender Schaden oder eine schwere Rechtsverletzung vorsätzlich verursacht, so kann auf Gefängnis bis zu fünf Jahren erkannt werden.

§ 123. Unterläfst ein öffentlicher Beamter die Erfüllung einer Dienstpflicht oder übertritt er in sonstiger Weise seine Dienstpflichten, so wird er mit Geldstrafe oder Amtsverlust bestraft.

§ 124. Ein öffentlicher Beamter, der seine öffentliche Stellung widerrechtlich dazu benutzt, jemanden zu einer Handlung, Duldung oder Unterlassung zu nötigen oder dies zu suchen, wird mit Geldstrafe oder Amtsverlust bestraft.

§ 125. Ein öffentlicher Beamter, der einen dienstlichen Untergebenen oder einen seiner Aufsicht unterstellten Beamten zu einem Verbrechen im Amte verleitet oder anreizt oder ihm dabei Hilfe leistet oder ihn wissentlich gewähren läfst; oder der seine amtliche Stellung dazu mifsbraucht, einen andren öffentlichen Beamten zu einem Amtsverbrechen anzureizen oder ihm dabei Hilfe zu leisten, wird nach derselben Strafbestimmung wie dieser bestraft.

Auf die Strafe ist zu erkennen, ohne Rücksicht darauf, ob der andre Beamte wegen guten Glaubens oder aus sonstigen Gründen straffrei ausgeht.

§ 126. Wenn ein öffentlicher Beamter wegen eines im Amte begangenen Verbrechens nach andren Strafbestimmungen als denen dieses Kapitels verurteilt wird, so kann statt auf Geldstrafe oder Haft bis zu sechs oder Gefängnis bis zu drei Monaten auf Amtsverlust erkannt werden.

12. Kapitel.

Verbrechen gegen die Staatsgewalt.

§ 127. Wer einen öffentlichen Beamten durch Gewalt zur Vornahme oder Unterlassung einer Amtshandlung zu nötigen oder an einer solchen zu hindern sucht, oder wer dazu mitwirkt, wird mit Gefängnis bis zu 3 Jahren und, wenn er wegen eines Verbrechens von gewaltthätiger Art vorbestraft ist, oder wenn er das Verbrechen gemeinschaftlich mit einem andren begeht, mit Gefängnis bis zu fünf Jahren bestraft.

Hat der Beamte durch ungebührliches Verhalten die Veranlassung zu dem Verbrechen gegeben, so ist Geldstrafe oder Gefängnis bis zu einem Jahre zu verhängen, und bei besonders mildernden Umständen kann von jeder Strafe abgesehen werden.

Als öffentliche Beamte werden in dieser Beziehung auch die Angestellten der Eisenbahnen, Militärwachen, sowie Personen angesehen, die auf besondere Aufforderung oder pflichtmäfsig einem öffentlichen Beamten Beistand leisten.

Im Falle der Gegenseitigkeit kann der König bestimmen, dafs die vorstehenden Strafen auch auf Verbrechen gegen die Staatsgewalt eines fremden Landes Anwendung finden.

§ 128. Wer durch Drohungen, durch Gewährung oder Versprechen von Vorteilen oder durch Erregung eines Irrtums einen öffentlichen Beamten zur unrechtmäfsigen Vornahme oder Unterlassung einer Amtshandlung zu bewegen sucht, oder wer dazu mitwirkt, wird mit Geldstrafe oder mit Gefängnis bis zu einem Jahre bestraft.

§ 129. Wer unbefugt ein öffentliches Amt ausübt, oder dazu mitwirkt, wird mit Geldstrafe oder mit Gefängnis bis zu sechs Monaten und, sofern er gehandelt hat, um sich oder einem andren einen unberechtigten Vorteil zuzuwenden oder jemandem zu schaden, mit Gefängnis bis zu zwei Jahren bestraft.

§ 130. Wer wider besseres Wissen einem der gesetzgebenden Faktoren oder einer andren öffentlichen Behörde Handlungen, die sie nicht vorgenommen haben, öffentlich beimifst, oder wer eine irreleitende Darstellung der Umstände gibt, unter denen, oder der Art und Weise, auf die sie vorgenommen sind, oder wer dazu mitwirkt, wird mit Geldstrafe oder mit Haft oder Gefängnis bis zu einem Jahre bestraft.

Ist die unrichtige Behauptung in der Absicht vorgebracht, der betreffenden Behörde in der öffentlichen Meinung zu schaden, so tritt die gleiche Strafe selbst dann ein, wenn die Behauptung aus grober Fahrlässigkeit vorgebracht ist.

§ 254 findet entsprechende Anwendung.

Ist das Verbrechen gegen das Storthing, eine Abteilung, einen Ausschufs oder Beamten desselben begangen, so tritt die Verfolgung nur auf Antrag des Storthings ein. Im übrigen tritt die Verfolgung auf Antrag des betreffenden Ministeriums oder auf Anordnung des Königs ein.

§ 131. Wer bewirkt oder dazu mitwirkt, dafs ein rechtmäfsig Gefangener dem Gesetz zuwider losgelassen wird oder aus den Räumen, in denen er verwahrt wird, oder aus der Gewalt desjenigen, unter dessen Bewachung er sich befindet, entweicht, wird mit Haft oder Gefängnis bis zu drei Jahren und, wenn es sich um einen Gefangenen handelt, der wegen eines mit lebenslänglichem Gefängnis bedrohten Verbrechens angeschuldigt oder verurteilt ist, mit Gefängnis bis zu fünf Jahren bestraft.

Sind besonders mildernde Umstände vorhanden, so kann auf Geldstrafe erkannt werden.

§ 132. Wer in der Absicht, einer gegenwärtigen oder zukünftigen öffentlichen Untersuchung wegen einer strafbaren Handlung entgegenzuarbeiten, bewirkt oder dazu mitwirkt, dafs Gegenstände, die für die Untersuchung von Bedeutung sind, vernichtet, beiseite gebracht oder verändert oder dafs die Spuren der That auf andre Weise verwischt werden, wird mit Geldstrafe oder mit Haft oder Gefängnis bis zu zwei Jahren bestraft.

Gleiche Strafe trifft den, der bewirkt oder dazu mitwirkt, dafs eine Person durch die Flucht oder, indem sie verborgen gehalten oder für einen andern ausgegeben wird, der Verfolgung oder Bestrafung für eine strafbare Handlung zu entziehen gesucht wird.

Keine Strafe trifft denjenigen, der gehandelt hat, um sich oder einen andern Angehörigen der Verfolgung oder Bestrafung zu entziehen. Wird niemand wegen desjenigen Verhaltens verurteilt, durch das dieses Verbrechen veranlafst ist, so kann auch sonst unter mildernden Umständen jede Strafe fortfallen.

Niemand kann deswegen bestraft werden, weil er den durch die strafbare Handlung verursachten Schaden ersetzt oder die durch sie hervorgerufene Gefahr abgewendet hat.

§ 133. Wer ohne Erlaubnis des Königs im Inlande Mannschaften zum Militärdienste einer fremden Macht anwirbt, oder wer dazu mitwirkt, wird mit Geldstrafe oder mit Haft bis zu einem Jahre bestraft.

Gleiche Strafe trifft denjenigen, der wider das Verbot des Königs militärisch geordnete und bewaffnete Abteilungen bildet oder militärisch geordnete Gefechtsübungen abhält oder Waffen oder andere Ausrüstungsgegenstände für solche anschafft, oder der hierzu mitwirkt.

§ 134. Wer in der Absicht, sich der Wehrpflicht im Inlande zu entziehen, sich durch Selbstverstümmelung oder auf andere Weise zum Kriegsdienste untauglich macht, oder wer dazu mitwirkt, dafs ein andrer in solcher Absicht untauglich gemacht wird, ist mit Gefängnis bis zu einem Jahre zu bestrafen.

Mit Geldstrafe oder mit Haft oder Gefängnis bis zu einem Jahre wird bestraft, wer dazu mitwirkt, dafs jemand, der in norwegischen Kriegsdiensten steht, entläuft, oder sich zum Kriegsdienst zu gestellen unterläfst, oder dafs eine nach dem Militärstrafgesetzbuch strafbare Handlung begangen wird, die mit drei Jahren Gefängnis oder mit strengerer Strafe bedroht ist.

13. Kapitel.

Verbrechen wider allgemeine Ordnung und allgemeinen Frieden.

§ 135. Wer den allgemeinen Frieden dadurch gefährdet, dafs er öffentlich die Staatsverfassung oder eine öffentliche Behörde verhöhnt oder dem Hasse aussetzt, oder einen Teil der Bevölkerung gegen einen andern aufhetzt, oder wer dazu mitwirkt, wird mit Geldstrafe oder mit Haft oder Gefängnis bis zu einem Jahre bestraft.

§ 136. Wer einen Auflauf bewirkt, dessen Zweck es ist, Gewalt gegen Personen oder Sachen zu verüben oder damit zu drohen, oder wer dazu mitwirkt, einen solchen Auflauf zu stande zu bringen, oder wer in einem Auflauf, bei dem der oben genannte Zweck zu Tage tritt, als Leiter oder Anführer auftritt, wird mit Gefängnis bis zu drei Jahren bestraft.

Wird während des Auflaufes ein solches Verbrechen gegen Personen oder Sachen begangen, das durch den Auflauf bezweckt wurde oder dessen Begehung die Teilnehmer beabsichtigten, wie sie während des Auflaufes an den Tag legten, oder wird ein Verbrechen gegen die Staatsgewalt begangen, so werden die oben erwähnten Personen, sowie jeder Teilnehmer des Verbrechens mit Gefängnis von zwei Monaten bis zu fünf Jahren oder mit der bis um die Hälfte erhöhten Strafe des Verbrechens bestraft, sofern auf diese letztere Weise eine strengere Strafe verhängt werden kann.

§ 137. Wer bei einem Auflauf der in § 136 erwähnten Art noch zur Stelle bleibt, oder wer dazu mitwirkt, dafs ein andrer noch zur Stelle bleibt, nachdem von der Obrigkeit zu wiederholten Malen der Befehl verkündigt worden ist, auseinander zu gehen und sich ruhig zu entfernen, wird mit Gefängnis bis zu drei Monaten bestraft; Gefängnis bis zu zwei Jahren tritt ein, wenn während seiner Anwesenheit ein Verbrechen gegen die Staatsgewalt begangen wird oder ein solches Verbrechen gegen Personen oder Sachen, welches durch den Auflauf bezweckt wurde oder dessen Begehung die Teilnehmer beabsichtigten, wie sie während des Auflaufes an den Tag legten.

§ 138. Wer bewirkt oder dazu mitwirkt, dafs eine öffentliche Gerichtsverhandlung, eine öffentliche religiöse Versammlung, eine gottesdienstliche Handlung, ein öffentlicher Unterricht oder der Schulunterricht, eine Versteigerung oder eine öffentliche Versammlung zur Beratung allgemeiner Angelegenheiten in ungesetzlicher Weise gehindert oder unterbrochen wird, wird mit Geldstrafe oder mit Gefängnis bis zu sechs Monaten bestraft.

§ 139. Mit Geldstrafe oder mit Haft oder Gefängnis bis zu 1 Jahr wird bestraft, wer es unterläfst, durch rechtzeitige Anzeige bei der zuständigen Behörde oder auf andre Weise die Verhütung eines Verbrechens der in §§ 83, 84, 86, 98, 99, 100, 148, 149, 150, 152, 154, 159, 169, 192, 195, 217, 223, Absatz 2, 225, 231, 233, 234, 243, 267, 268 oder 269 erwähnten Arten oder der Folgen eines solchen Verbrechens zu versuchen, obwohl er von dem Vorhaben oder der Begehung zu einer Zeit, zu der die Verhütung des Verbrechens oder die Abwehr seiner Folgen möglich war, glaubhafte Kenntnis erhalten hat.

Jedoch geht er straffrei aus, wenn es zur Vollendung des Verbrechens oder zu einem strafbaren Versuch nicht kommt oder wenn die Verhütung nicht geschehen konnte, ohne ihn selbst, einen seiner Angehörigen oder einen Unschuldigen einer Strafverfolgung auszusetzen oder sein Leben, seine Gesundheit oder sein Wohl zu gefährden.

§ 140. Wer öffentlich dazu auffordert oder anreizt, eine strafbare Handlung ins Werk zu setzen, oder sich zur Ausführung oder zur Beihilfe bei der Ausführung erbietet, oder wer zu der Aufforderung, Anreizung oder dem Anerbieten mitwirkt, wird mit Geldstrafe oder mit Haft oder Gefängnis bis zu acht Jahren bestraft, doch in keinem Falle mit längerer Freiheitstrafe als zwei Dritteln der höchsten wegen der Handlung selbst angedrohten.

Den strafbaren Handlungen werden in dieser Beziehung die Handlungen gleichgestellt, zu deren Begehung zu verleiten oder anzureizen strafbar ist.

Wird das Verbrechen in der Ausübung eines Berufes oder Gewerbes begangen, so kann dem Thäter die Befugnis, den Beruf oder das Gewerbe fortzusetzen, aberkannt werden.

§ 141. Wer durch falsche Vorspiegelungen oder sonstiges hinterlistiges Benehmen jemanden zur Auswanderung aus dem Reiche verleitet, oder wer dazu mitwirkt, wird mit Geldstrafe oder Gefängnis bis zu einem Jahre bestraft.

Wird das Verbrechen in der Ausübung eines Berufes oder Gewerbes begangen, so kann dem Thäter die Befugnis, den Beruf oder das Gewerbe fortzusetzen, aberkannt werden.

§ 142. Wer öffentlich mit einem Glaubensbekenntnis, dessen Ausübung im Reiche erlaubt ist, seinen Spott treibt oder es verhöhnt, oder wer dazu mitwirkt, wird mit Geldstrafe oder mit Haft oder Gefängnis bis zu sechs Monaten bestraft.

§ 143. Wer eine Leiche mißhandelt oder unberechtigt sich einer Leiche, die ein andrer in seinem Gewahrsam hat, bemächtigt oder ohne gesetzlichen Anspruch eine begrabene Leiche ausgräbt oder fortbringt, oder wer dazu mitwirkt, wird mit Gefängnis bis zu zwei Jahren bestraft. Sind besonders mildernde Umstände vorhanden, so kann auf Geldstrafe erkannt werden.

Wer eine Leiche wegnimmt oder von einer Leiche, einem Grabe oder Grabmale einen Gegenstand in der Absicht wegnimmt, durch die Zueignung der Leiche oder des Gegenstandes jemandem einen unberechtigten Gewinn zu verschaffen, oder wer dazu mitwirkt, wird nach dem 24. Kapitel bestraft ohne Rücksicht darauf, ob die Leiche oder der Gegenstand im Eigentum einer Person stand.

§ 144. Geistliche, Rechtsanwälte, Verteidiger in Strafsachen, Ärzte, Apotheker und Hebeammen, sowie die Angestellten oder Gehilfen dieser Personen, die widerrechtlich Geheimnisse offenbaren, die ihnen oder ihren Vorgesetzten kraft ihrer Stellung anvertraut sind, werden mit Geldstrafe oder mit Gefängnis bis zu 6 Monaten bestraft.

Die öffentliche Verfolgung tritt nur auf Antrag des Verletzten ein oder wo allgemeine Rücksichten es erfordern.

§ 145. Wer einen Brief oder eine andre verschlossene Urkunde unberechtigt erbricht, oder wer sich zu den verschlossenen Behältnissen eines andern Zugang verschafft, oder wer dazu mitwirkt, wird mit Geldstrafe oder mit Gefängnis bis zu 6 Monaten bestraft.

Wird durch die auf diese Weise erlangte unberechtigte Kenntnis ein Schaden verursacht, oder wird das Verbrechen in der Absicht begangen, jemandem einen unberechtigten Gewinn zu verschaffen, so kann auf Gefängnis bis zu zwei Jahren erkannt werden.

Die öffentliche Verfolgung tritt nur auf Antrag des Verletzten ein.

§ 146. Wer unberechtigt bewirkt oder dazu mitwirkt, dafs eine an einen andern gerichtete schriftliche Mitteilung vernichtet, verheimlicht oder zurückgehalten wird und dadurch entweder überhaupt nicht oder nicht rechtzeitig zur Kenntnis des Betreffenden kommt, wird mit Geldstrafe oder mit Gefängnis bis zu einem Jahre bestraft.

Verursacht der Thäter durch das Verbrechen einen Schaden, oder hat er in der Absicht gehandelt, jemandem einen unberechtigten Gewinn zu verschaffen, so kann Gefängnis bis zu drei Jahren eintreten.

Die öffentliche Verfolgung tritt nur auf Antrag des Verletzten ein.

§ 147. Wer durch Beschädigung eines zum Schutze gegen Eindringen geeigneten Gegenstandes oder mit Hilfe von Dietrichen, falschen Schlüsseln oder richtigen Schlüsseln, die unbefugt dem Besitzer entwendet sind, sich oder einem andern zu einem Hause, Schiffe, Eisenbahnwagen oder einem Raume in diesen oder zu einem geschlossenen Hofraum oder einem ähnlichen Aufbewahrungs- oder Aufenthaltsorte unberechtigten Zugang verschafft, oder wer dazu mitwirkt, wird wegen Einbruchs mit Gefängnis bis zu einem Jahre bestraft; Gefängnis bis zu zwei Jahren tritt ein, wenn das Verbrechen von einer bewaffneten Person oder von mehreren gemeinschaftlich begangen ist; und bis zu vier Jahren, wenn es begangen ist, um ein andres Verbrechen begehen zu können.

Gleiche Strafe trifft den, der durch gewaltsames oder drohendes Verhalten sich oder einem andern unberechtigten Zugang zu einem solchen Ort oder unberechtigten Aufenthalt daselbst zu erzwingen sucht oder der sich rechtswidrig in ein bewohntes Haus oder einen Raum einschleicht, der während der Nacht gewöhnlich verschlossen gehalten wird, um sich dort einschliefsen zu lassen, oder der mit Hilfe von Verkleidung oder einer angemafsten oder mifsbrauchten öffentlichen Eigenschaft oder Order oder unter Benutzung einer falschen oder einen andern angehenden Urkunde sich oder einem andern unberechtigten Zugang zu einem solchen Haus oder Raum oder unberechtigten Aufenthalt darin verschafft, oder der dazu mitwirkt.

14. Kapitel.

Gemeingefährliche Verbrechen.

§ 148. Wer einen Brand, Einsturz, eine Explosion, Überschwemmung, einen Seeschaden oder ein Eisenbahnunglück herbeiführt, wodurch leicht der Verlust von Menschenleben oder eine ausgedehnte Zerstörung von fremdem Eigentum verursacht werden kann, oder wer dazu mitwirkt, wird mit Gefängnis von zwei Jahren bis auf Lebenszeit bestraft; wenn infolge des Verbrechens ein Mensch ums Leben kommt oder eine schwere Körperverletzung oder Gesundheitsbeschädigung erleidet, so tritt Gefängnis nicht unter fünf Jahren ein.

Der Versuch kann ebenso bestraft werden, wie das vollendete Verbrechen.

§ 149. Wer bei einem der in § 148 erwähnten Unglücksfälle oder obwohl er weifs, dafs ein solcher Unglücksfall droht, durch Zerstörung, Beschädigung oder Entfernung von Gerätschaften oder auf andre Weise die Verhütung oder Bekämpfung des Unglücksfalles zu hindern sucht, oder wer dazu mitwirkt, wird mit Gefängnis nicht unter einem Jahre bestraft.

§ 150. Wer dadurch, dafs er die Erfüllung einer ihm obliegenden besondern Pflicht unterläfst; oder dadurch, dafs er rechtswidrig einen Gegenstand oder ein Weg- oder Warnungszeichen zerstört, wegnimmt oder beschädigt; dadurch, dafs er ein falsches Zeichen gibt oder anbringt; dadurch, dafs er ein Hindernis im Schiffsfahrwasser bereitet; dadurch, dafs er den sichern Betrieb einer durch Lokomotiven oder durch eine andre mechanische Kraft bewegten Eisenbahn stört; oder dadurch, dafs er zu einer dieser Handlungen mitwirkt, die Gefahr eines der in § 148 erwähnten Unglücksfälle herbeiführt, wird mit Gefängnis bis zu sechs Jahren und, wenn ein solcher Unglücksfall, wie in § 148 erwähnt, dadurch verursacht worden ist, mit Gefängnis bis zu zwölf Jahren bestraft.

Hat jemand eine dieser Handlungen, ohne auf die Gefahr aufmerksam zu werden, oder aus Fahrlässigkeit vorgenommen, so wird er mit Geldstrafe oder mit Gefängnis bis zu einem Jahre bestraft.

§ 151. Ist ein Brand, ein Einsturz, eine Explosion, eine Überschwemmung, ein Seeschaden oder ein Eisenbahnunglück der in § 148 erwähnten Art aus Fahrlässigkeit verursacht, so tritt Geldstrafe oder Gefängnis bis zu drei Jahren ein.

§ 152. Mit Gefängnis von drei Jahren bis auf Lebenszeit wird bestraft, wer bewirkt oder dazu mitwirkt, dafs Wasserläufen oder -behältern, aus denen Trinkwasser entnommen wird, oder Gegenständen, die zum öffentlichen Verbrauche oder Verkaufe bestimmt sind, solche Stoffe beigemischt werden, dafs sie bei bestimmungsgemäfsem Gebrauch das menschliche Leben oder die menschliche Gesundheit zu zerstören geeignet sind, oder dafs sonst mit gemeiner Gefahr für Leben oder Gesundheit eine Vergiftung eintritt.

Ebenso wird bestraft, wer Gegenstände von solcher Beschaffenheit, dafs sie durch ihren bestimmungsgemäfsen Verbrauch das menschliche Leben oder die menschliche Gesundheit zu zerstören geeignet sind, verkauft, feilhält oder sonst in den allgemeinen Verkehr zu bringen sucht, oder wer dazu mitwirkt.

Ist durch die Handlung der Tod eines Menschen oder eine schwere Körperverletzung oder Gesundheitsbeschädigung verursacht worden, so tritt Gefängnis nicht unter fünf Jahren ein.

Ist die Handlung aus Fahrlässigkeit begangen worden, so tritt Geldstrafe oder Gefängnis bis zu einem Jahre ein.

§ 153. Wer

1. bewirkt oder dazu mitwirkt, dafs Wasserläufen oder -behältern, aus denen Trinkwasser entnommen wird, rechtswidrig Stoffe beigemischt werden, die die Gesundheit eines andern gefährden, oder
2. Gegenstände von solcher Beschaffenheit, dafs sie durch ihre bestimmungsgemäfse Anwendung der menschlichen Gesundheit schaden, unter Verschweigen dieser Beschaffenheit verkauft, feilhält oder sonst in den allgemeinen Verkehr zu bringen sucht, oder wer dazu mitwirkt,

wird mit Gefängnis bis zu fünf Jahren bestraft.

§ 154. Wer bewirkt oder dazu mitwirkt, dafs eine ansteckende Krankheit unter Menschen oder Haustieren eingeführt oder allgemein verbreitet wird, wird mit Gefängnis von einem bis zu zehn Jahren und, wenn auf Grund der Krankheit ein Mensch ums Leben gekommen ist oder eine schwere Körperverletzung oder Gesundheitsbeschädigung erlitten hat, mit Gefängnis nicht unter fünf Jahren oder mit lebenslänglichem Gefängnis bestraft.

Hat der Thäter aus Fahrlässigkeit gehandelt, so wird er mit Geldstrafe oder mit Gefängnis bis zu einem Jahre bestraft.

§ 155. Wer, obwohl er weifs oder vermutet, dafs er an einer ansteckenden Geschlechtskrankheit leidet, durch geschlechtlichen Verkehr oder Unzucht einen andern ansteckt oder der Ansteckung aussetzt, wird mit Gefängnis bis zu zwei Jahren bestraft.

Gleiche Strafe trifft den, der dazu mitwirkt, dafs jemand, von dem er weifs oder vermutet, dafs er an einer ansteckenden Geschlechtskrankheit leidet, durch das erwähnte Verhalten einen andern ansteckt oder der Ansteckung aussetzt.

Ist der Angesteckte oder der Ansteckung Ausgesetzte der Ehegatte des Thäters, so tritt die öffentliche Verfolgung nur auf dessen Antrag ein.

§ 156. Wer die Vorschriften, die zur Verhütung oder Bekämpfung einer ansteckenden Krankheit unter Menschen oder Haustieren in gesetzmäfsiger Weise angeordnet sind, übertritt, obwohl er weifs, dafs er dadurch die Gefahr herbeiführt, dafs die ansteckende Krankheit eingeführt oder allgemein verbreitet wird, oder wer dazu mitwirkt, wird mit Geldstrafe oder mit Gefängnis bis zu zwei Jahren und, wenn infolge der Handlung ein Mensch ums Leben kommt oder eine schwere Körperverletzung oder Gesundheitsbeschädigung erleidet, mit Gefängnis bis zu vier Jahren bestraft.

§ 157. Wer, obwohl er weifs, dafs er dadurch das Leben oder die Gesundheit andrer gefährdet:

1. als Arzneimittel oder Vorbeugungsmittel gegen Krankheiten Gegenstände, die der angegebenen Eigenschaften entbehren, verkauft, feilbietet oder sonst in den allgemeinen Verkehr zu bringen sucht, oder
2. in Ausübung einer ärztlichen Thätigkeit eine Behandlungsweise anwendet, die nicht geeignet ist, die Krankheit zu heilen oder ihr entgegenzuwirken,

wird mit Gefängnis bis zu sechs Jahren und, wenn dadurch der Tod eines Menschen oder eine schwere Körperverletzung oder Gesundheitsbeschädigung verursacht worden ist, mit Gefängnis nicht unter einem Jahre bestraft.

Auf gleiche Weise wird bestraft, wer zu einem solchen Verhalten mitwirkt.

§ 158. Wer durch Nichterfüllung eingegangener Verpflichtungen oder durch Ausstreuung falscher Nachrichten bewirkt, dafs eine Hungersnot oder Teuerung in Lebensmitteln verursacht wird, oder wer dazu mitwirkt, ist mit Gefängnis bis zu acht Jahren zu bestrafen.

§ 159. Wer sich mit jemandem verbindet, um ein Verbrechen gegen §§ 148, 152 oder 154 oder Verbrechen der dort bezeichneten Art zu bewirken oder dazu mitzuwirken, wird mit Gefängnis bis zu zehn Jahren bestraft.

§ 160. Wer öffentlich eine Anweisung im Gebrauch von Sprengstoffen oder Giften zur Begehung von Verbrechen erteilt oder sich dazu erbietet, oder wer öffentlich zur Begehung von Verbrechen durch diese Mittel aufmuntert, wird mit Gefängnis bis zu zehn Jahren bestraft.

§ 161. Wer Sprengstoffe oder besondere Gerätschaften zur Herstellung oder Verwendung von Sprengstoffen in der Absicht, damit ein Verbrechen zu verüben, anschafft, anfertigt oder aufbewahrt, wird mit Gefängnis bis zu sechs Jahren bestraft.

Gleiche Strafe trifft denjenigen, der zur Anschaffung, Herstellung oder Aufbewahrung von Sprengstoffen oder solchen Gerätschaften mitwirkt, wenn er weiſs oder annehmen muſs, daſs sie zur Begehung eines Verbrechens bestimmt sind.

§ 162. Ist ein in diesem Kapitel vorgesehenes Verbrechen in Ausübung eines Berufes oder Gewerbes begangen worden, so kann dem Schuldigen das Recht, den Beruf oder das Gewerbe fortzusetzen, aberkannt werden.

15. Kapitel.
Falsche Erklärungen.

§ 163. Wer vor Gericht eine beeidigte falsche Erklärung abgibt, wird mit Gefängnis von sechs Monaten bis zu acht Jahren bestraft.

Auf gleiche Weise ist zu strafen, wer auſsergerichtlich, sofern der Gebrauch des Eides gesetzlich gestattet ist, eine beeidigte falsche Erklärung abgibt.

§ 164. Der eidlichen Erklärung steht die Erklärung unter Berufung auf einen geleisteten Eid gleich.

Eine Versicherung, die das Gesetz an Eidesstatt treten läſst, steht dem Eide gleich.

§ 165. Die Strafe des § 163 trifft auch denjenigen, der bewirkt oder dazu mitwirkt, daſs in einem der dort behandelten Fälle eine eidliche Erklärung, deren Unrichtigkeit ihm bekannt ist, von einem andern abgegeben wird.

§ 166. Wer eine falsche Erklärung vor Gericht oder vor einem Notar oder mündlich oder schriftlich vor einer öffentlichen Behörde, falls er zur Erklärung vor dieser verpflichtet ist, abgibt, wird mit Gefängnis bis zu zwei Jahren bestraft. Bei mildernden Umständen kann Geldstrafe angewendet werden.

In gleicher Weise wird bestraft, wer bewirkt oder dazu mitwirkt, daſs in einem der vorerwähnten Fälle eine Erklärung, deren Unrichtigkeit ihm bekannt ist, von einem andern abgegeben wird.

§ 167. Wenn jemand als Beschuldigter in einem Strafverfahren eine falsche Erklärung abgegeben hat, so tritt eine Bestrafung nach den §§ 163 und 166 nicht ein.

Das gleiche gilt, wenn jemand eine unbeeidigte falsche

Erklärung in einem Falle abgegeben hat, in dem er die Wahrheit nicht erklären konnte, ohne sich oder einen Angehörigen der Bestrafung oder dem Verlust der bürgerlichen Achtung auszusetzen.

Ist in dem Falle des zweiten Absatzes eine beeidigte falsche Erklärung abgegeben worden, so tritt Gefängnisstrafe bis zu fünf Jahren ein.

16. Kapitel.

Falsche Anklage.

§ 168. Wer durch falsche Anklage, Anzeige oder Erklärung vor dem Gericht, der Anklagebehörde oder einer andern öffentlichen Behörde oder durch Entstellung oder Beseitigung von Beweismitteln oder durch Beibringen falscher Beweismittel oder wider besseres Wissen auf andre Weise die Verfolgung oder Bestrafung eines andern herbeizuführen sucht, sowie wer dazu mitwirkt, wird, wenn es sich um ein Verbrechen handelt, mit Gefängnis von sechs Monaten bis zu acht Jahren und, wenn es sich um eine Übertretung handelt, mit Gefängnis bis zu vier Jahren bestraft.

§ 169. Ist infolge eines im § 168 erwähnten Verbrechens jemand zu einer Freiheitstrafe, die er ganz oder teilweise verbüfst hat, oder zur Todesstrafe verurteilt, so wird der Schuldige mit Gefängnis nicht unter einem Jahre bestraft.

Ist infolge des Verbrechens eine Todesstrafe vollstreckt oder Freiheitstrafe von mehr als fünf Jahren verbüfst worden, so kann der Schuldige mit lebenslänglichem Gefängnis bestraft werden.

§ 170. Wer ohne vernünftigen Anlafs zu Verdacht jemanden wegen einer strafbaren Handlung bei dem Gericht oder der Anklagebehörde anklagt oder anzeigt, oder wer einen andern zu einer solchen Anklage oder Anzeige verleitet, wird mit Geldstrafe oder mit Haft oder Gefängnis bis zu einem Jahre bestraft.

Die öffentliche Verfolgung tritt nur auf Antrag des Verletzten ein.

§ 171. Wer wider bessres Wissen dem Gericht, der Anklagebehörde oder einer andern öffentlichen Behörde eine strafbare Handlung anzeigt, die nicht begangen ist, oder wer etwas vornimmt, was den Verdacht zu erwecken bezweckt, dafs eine solche begangen sei; oder wer fälschlich sich selbst oder einen andern mit dessen Einwilligung als einer strafbaren Handlung schuldig anzeigt; oder wer dazu mitwirkt, wird mit Geldstrafe oder mit Haft oder mit Gefängnis bis zu einem Jahre bestraft.

§ 172. Wer Umstände aufzudecken unterläfst, die darthun, dafs ein wegen eines Verbrechens Angeklagter oder Verurteilter unschuldig ist, obwohl die Aufdeckung geschehen konnte, ohne ihn selbst, einen Angehörigen oder einen Unschuldigen einer Anklage oder einer Gefahr für Leben, Gesundheit oder Stellung auszusetzen; oder wer zu einer solchen Unterlassung mitwirkt, wird mit Geldstrafe oder mit Gefängnis bis zu einem Jahre bestraft.

§ 173. In dem Urteil, durch das jemand nach §§ 168, 169 oder 170 verurteilt wird, kann auf Antrag des Verletzten bestimmt werden, dafs das Urteil oder die Urteilsformel von Amts wegen auf Kosten des Verurteilten in einer oder mehreren Zeitungen bekannt zu machen ist.

17. Kapitel.
Münzfälschung.

§ 174. Wer im In- oder Ausland gangbares Geld nachmacht, um es in Verkehr zu bringen, oder wer nachgemachtes Geld sich in solcher Absicht verschafft, oder wer dazu mitwirkt, ist mit Gefängnis nicht unter drei Jahren zu bestrafen.

Gefängnis von kürzerer Dauer kann verhängt werden, wenn nur einzelne Geldstücke oder Scheine verschafft oder ohne Benutzung von dazu besonders geeigneten Gerätschaften nachgemacht worden sind.

§ 175. Wer durch Abfeilen, Beschneiden oder auf andre Weise im In- oder Auslande gangbares Geld in seinem Werte verringert, um es in Verkehr zu bringen, oder wer in solcher Absicht gangbarem Gelde das Aussehen eines höhern Wertes als des wirklichen, oder nicht gangbarem Gelde das Aussehen von gangbarem gibt, oder wer dazu mitwirkt, wird mit Gefängnis bis zu acht Jahren bestraft.

§ 176. Wer nachgemachtes oder verfälschtes Geld (§§ 174, 175) als echt oder unverfälscht in Verkehr bringt, oder wer dazu mitwirkt, wird, sofern er nicht nach den genannten Paragraphen zu verurteilen ist, mit Gefängnis bis zu zehn beziehungsweise bis zu sechs Jahren bestraft.

Hat der Thäter selbst das nachgemachte oder verfälschte Geld in gutem Glauben empfangen, so wird er mit Geldstrafe oder mit Gefängnis bis zu sechs Monaten bestraft.

Durch Abfeilen, Beschneiden oder auf andre Weise verringerte Münzen in Verkehr zu bringen, ist nicht strafbar, wenn man sie selbst in gutem Glauben als gangbar empfangen hat.

§ 177. Wer zur Vorbereitung eines Verbrechens gegen §§ 174 und 175 Gerätschaften oder andre Gegenstände anfertigt oder anschafft, die ersichtlich zur fälschlichen Anfertigung oder Verfälschung von Geld bestimmt sind, oder wer dazu mitwirkt, wird mit Gefängnis bis zu sechs Jahren bestraft.

§ 178. Was oben für das Geld bestimmt ist, gilt auch für gedruckte Wertpapiere, die auf den Inhaber lauten und von einer zur Ausstellung berechtigten Person herrühren, sowie die zu diesem Inhaberpapier gehörenden Zins-, Renten- und Gewinnanteilscheine.

Als gedruckt wird das Wertpapier auch dann betrachtet, wenn es eine geschriebene Unterschrift oder einzelne andre geschriebene Wörter oder Zahlen enthält.

18. Kapitel.

Urkundenfälschung.

§ 179. Unter Urkunde ist im Sinne dieses Gesetzes jeder Gegenstand zu verstehen, der in Schriftzeichen oder auf andre Weise eine Mitteilung enthält, die entweder als Beweismittel für eine Berechtigung, eine Verpflichtung oder die Befreiung von einer solchen erheblich ist oder sich als dazu bestimmt darstellt, zum Beweise zu dienen.

§ 180. Als falsch wird auch eine Urkunde betrachtet, die im Namen einer nicht vorhandenen Person ausgestellt worden ist, oder in der der Aussteller sich zu Unrecht eine Stellung beilegt, die für ihre Beweiskraft von wesentlicher Erheblichkeit ist, oder deren Inhalt durch Entfernung eines Teiles der Urkunde geändert ist.

§ 181. Als Urkundenfälschung ist es auch zu strafen, wenn man sich die Unterschrift des Betreffenden entweder durch unberechtigte Ausfüllung eines mit der Namenszeichnung des Betreffenden versehenen Papiers oder sonstigen Gegenstandes verschafft, oder mit Hilfe einer Irrtumserregung, auf Grund deren die Unterschrift auf eine andre Urkunde oder auf eine Urkunde andern Inhalts, als beabsichtigt, gesetzt wird, sowie wenn eine Urkunde dadurch hergestellt wird, dafs man echte Siegel, Stempel oder Marken unberechtigt benutzt.

§ 182. Wer in rechtswidriger Absicht eine nachgemachte oder verfälschte Urkunde als echt oder unverfälscht benutzt oder wer dazu mitwirkt, wird mit Gefängnis bis zu zwei Jahren und, wenn es sich um eine inländische oder ausländische öffentliche Urkunde handelt, mit Gefängnis bis zu vier Jahren bestraft. Bei besonders mildernden Umständen kann Geldstrafe eintreten.

Hat die Benutzung stattgefunden, um für eine berechtigte Forderung oder zur Abwehr einer unberechtigten ein Beweismittel zu schaffen, so tritt Geldstrafe oder Gefängnis bis zu einem Jahre ein.

§ 183. Mit Gefängnis bis zu fünf Jahren wird bestraft, wer zur Verübung eines Verbrechens, das mit zwei Jahren Gefängnis oder mit höherer Strafe bedroht ist, eine nachgemachte oder verfälschte Urkunde als echt oder unverfälscht benutzt, sowie wer dazu mitwirkt.

Ist die benutzte Urkunde ein öffentliches Protokoll, eine mit Unterschrift und Siegel versehene öffentliche Urkunde oder eine letzte Willenserklärung, oder wird durch das Verbrechen Schaden über 1000 Kr. verursacht oder bezweckt, so kann Gefängnis bis zu acht Jahren verhängt werden.

§ 184. Ist die verfälschte Urkunde, die in rechtswidriger Absicht als unverfälscht benutzt worden ist, eine Postfreimarke, Stempel- oder andere Marke, eine Eintritts- oder Fahrkarte oder ein ähnlicher Gegenstand, dem man das Aussehen zu geben sucht, als sei er in weitrem Umfange als in Wirklichkeit oder noch nach Erlöschen der Gültigkeit gültig, so tritt Geldstrafe oder Gefängnis bis zu sechs Monaten ein.

§ 185. Wer ein öffentliches Protokoll verfälscht, oder wer dazu mitwirkt, wird nach § 182 und, wenn die Handlung als

Mittel zur Begehung eines mit zwei Jahren Gefängnis oder mit strengerer Strafe bedrohten Verbrechens geschehen ist, nach § 183 bestraft.

Wer sonst eine falsche Urkunde anfertigt oder sich verschafft, um sie auf eine nach §§ 182 oder 183 strafbare Weise zu benutzen oder benutzen zu lassen, oder wer dazu mitwirkt, oder wer in gleicher Absicht eine echte Urkunde verfälscht oder eine verfälschte sich verschafft oder dazu mitwirkt, wird mit Geldstrafe oder mit Gefängnis bis zur Hälfte des für die Benutzung angedrohten Höchstmafses bestraft.

Die Bestrafung aus diesem Paragraphen tritt nicht ein, wenn der Schuldige nach § 182 oder § 183 verurteilt wird.

§ 186. Wer zur Vorbereitung einer Urkundenfälschung falsche Siegel, Stempel, Marken oder andre Gegenstände anfertigt oder sich verschafft, die ersichtlich zur Nachahmung oder Verfälschung bestimmt sind, oder wer in solcher Absicht echte Siegel, Stempel oder Marken entwendet, oder wer dazu mitwirkt, wird mit Gefängnis bis zu drei Jahren bestraft.

§ 187. Wer in rechtswidriger Absicht seine Unterschrift auf einer Urkunde ableugnet oder eine Urkunde vernichtet, versteckt oder ganz oder teilweise unbrauchbar macht, sowie wer dazu mitwirkt, wird nach § 182 und, wenn die Handlung als Mittel zur Begehung eines mit zwei Jahren Gefängnis oder mit strengerer Strafe bedrohten Verbrechens geschehen ist, nach § 183 bestraft.

§ 188. Wer in rechtswidriger Absicht einen Grenzstein oder ein andres Merkmal des Grundeigentums oder einer Grundgerechtigkeit wegnimmt, verrückt oder zerstört, oder wer einen Grenzstein oder ein Merkmal fälschlich setzt, oder wer dazu mitwirkt, wird mit Gefängnis bis zu fünf Jahren bestraft.

Hat die Handlung stattgefunden, um für eine berechtigte Forderung oder zur Abwehr einer unberechtigten ein Beweismittel zu schaffen, so tritt Geldstrafe oder Gefängnis bis zu einem Jahre ein.

§ 189. Wer bewirkt oder dazu mitwirkt, dafs in in- oder ausländische öffentliche Urkunden oder Bücher eine unrichtige Eintragung über ein Ereignis oder eine Thatsache aufgenommen wird, zu deren Beweis die Eintragung bestimmt ist, wird mit

Geldstrafe oder mit Gefängnis bis zu einem Jahre und, wenn es die Absicht des Thäters war, jemandem einen unberechtigten Gewinn zu verschaffen oder jemandem zu schaden, mit Gefängnis bis zu drei Jahren bestraft.

§ 190. Wer eine Angabe der in § 189 erwähnten Art als richtig benutzt, wird wie dort vorgesehen bestraft.

19. Kapitel.
Verbrechen wider die Sittlichkeit.

§ 191. Wer durch Drohungen jemanden zu unzüchtigem Verkehr zwingt, oder wer dazu mitwirkt, wird mit Gefängnis bis zu fünf Jahren bestraft.

Die öffentliche Verfolgung tritt nur auf Antrag des Verletzten ein.

§ 192. Wer durch Gewalt oder durch Hervorrufen von Furcht für Leben oder Gesundheit eines Menschen jemanden zu unzüchtigem Verkehr zwingt, oder wer dazu mitwirkt, wird wegen Notzucht mit Gefängnis bis zu zehn Jahren und, wenn es sich um Beischlaf handelt, nicht unter einem Jahre bestraft.

Wenn der Verletzte infolge der Handlung um das Leben kommt oder eine schwere Körperverletzung oder Gesundheitsbeschädigung erleidet, oder wenn der Schuldige aus diesem Paragraph oder aus den §§ 191, 193 oder 195 vorbestraft ist, so kann Gefängnis bis auf Lebenszeit verhängt werden.

§ 193. Wer unzüchtigen Verkehr mit einer in bewufstlosem oder unzurechnungsfähigem Zustande befindlichen Person pflegt, oder wer dazu mitwirkt, dafs ein andrer solchen Verkehr pflegt, wird mit Gefängnis bis zu fünf Jahren und, wenn es sich um Beischlaf handelt, bis zu acht Jahren bestraft.

Hat der Thäter, um das Verbrechen zu befördern, die Bewufstlosigkeit oder Unzurechnungsfähigkeit hervorgerufen oder dazu mitgewirkt, so wird er nach § 192 bestraft.

§ 194. Wer den Beischlaf mit einer andern Person, den diese irrtümlich für einen ehelichen hält, erschleicht, oder wer dazu mitwirkt, dafs ein solcher Beischlaf stattfindet, wird mit Gefängnis bis zu vier Jahren bestraft.

Die öffentliche Verfolgung tritt nur auf Antrag des Verletzten ein.

§ 195. Wer mit einem Kinde unter 13 Jahren unzüchtigen Verkehr pflegt oder dazu mitwirkt, dafs ein andrer solchen Verkehr pflegt, wird nach § 192 bestraft.

§ 196. Wer mit einem Kinde unter 16 Jahren unzüchtigen Verkehr pflegt, wird mit Gefängnis bis zu drei Jahren bestraft.

§ 197. Wer eine Person unter 18 Jahren oder eine Person unter 21 Jahren, die unter seiner Gewalt oder Aufsicht steht, zu unzüchtigem Verkehr verführt, wird mit Gefängnis bis zu sechs Monaten bestraft. Ein Irrtum über das Alter schliefst die Strafschuld nicht aus.

Die öffentliche Verfolgung tritt nur auf Antrag des Verletzten ein.

§ 198. Wer durch besonders hinterlistiges Verhalten jemanden zu unzüchtigem Verkehr verführt, wird mit Gefängnis bis zu sechs Monaten und, wenn die verführte Person entweder das 18. Jahr nicht vollendet hat, oder noch nicht 21 Jahre alt ist und in der Gewalt oder Aufsicht des Thäters steht, mit Gefängnis bis zu einem Jahre bestraft. Ein Irrtum über das Alter schliefst die Strafschuld nicht aus.

Die öffentliche Verfolgung tritt nur auf Antrag des Verletzten ein.

§ 199. Mit Gefängnis bis zu vier Jahren wird bestraft, wer

1. unzüchtigen Verkehr pflegt, zu dem er sich die Gelegenheit durch Mifsbrauch seiner öffentlichen Stellung oder seiner Stellung als Arzt, Geistlicher, Lehrer oder Vorgesetzter der betreffenden Person verschafft hat;
2. einen unzüchtigen Verkehr pflegt mit einer in ein Gefängnis, Arbeitshaus, Krankenhaus, Armenhaus, eine Erziehungs- oder ähnliche Anstalt verbrachten Person, die unter seiner Gewalt oder Aufsicht steht, oder
3. einen unzüchtigen Verkehr mit Verwandten absteigender Linie, Stiefkindern, Pflegekindern, Adoptivkindern, Mündeln oder Schülern pflegt, die unter seiner Gewalt oder Aufsicht stehen.

§ 200. Wer jemanden zu unzüchtigem Verkehr mit einem andern verführt oder dazu mitwirkt, dafs jemand zu unzüchtigem Verkehr mit einem andern verführt wird, ist mit Gefängnis bis zu einem Jahre zu bestrafen.

Die öffentliche Verfolgung tritt nur auf Antrag des Verletzten ein.

§ 201. Wer den unzüchtigen Verkehr eines andern mit einer Person unter 16 Jahren befördert, wird mit Gefängnis bis zu vier Jahren bestraft.

§ 202. Wer eine Person dazu verleitet, aus der Feilhaltung ihres Körpers zur Unzucht ein Gewerbe zu machen, oder wer zu einer solchen Verleitung mitwirkt, wird mit Gefängnis bis zu vier Jahren und, wenn die verleitete Person unter 18 Jahren ist oder zu solchem unzüchtigen Zweck in das Ausland verbracht wird, mit Gefängnis von einem bis zu sechs Jahren bestraft.

§ 203. Wer eine Person, die aus der Feilhaltung ihres Körpers zur Unzucht ein Gewerbe macht, von der Aufgabe dieses Lebenswandels abzuhalten sucht, wird mit Gefängnis bis zu zwei Jahren bestraft.

§ 204. Hat in den Fällen der §§ 200—203 der Thäter aus Gewinnsucht oder gewohnheitsmäfsig gehandelt oder Zwang, Drohungen oder hinterlistiges Verhalten angewendet oder die Unzucht seines Ehegatten, seiner Kinder oder einer unter seiner Gewalt oder Aufsicht stehenden Person befördert oder seine öffentliche Stellung oder seine Stellung als Geistlicher, Arzt oder Lehrer misbraucht, so können die Strafen der oben genannten Paragraphen bis um die Hälfte erhöht werden.

Wird das Verbrechen in der Ausübung eines Berufes oder Gewerbes begangen, so kann dem Thäter das Recht aberkannt werden, den Beruf oder das Gewerbe fortzusetzen.

§ 205. Wer durch Misbrauch einer in § 199 No. 1 genannten Stellung den unzüchtigen Verkehr andrer befördert, oder wer den unzüchtigen Verkehr eines andern mit einer Person befördert, zu der er in einem in § 199 No. 2 oder 3 erwähnten Verhältnisse steht, wird mit Gefängnis bis zu fünf Jahren bestraft.

§ 206. Wer aus Gewinnsucht den unzüchtigen Verkehr andrer befördert, oder wer diesen Verkehr zu gewinnsüchtigem Zwecke ausnutzt, wird mit Gefängnis bis zu zwei Jahren bestraft. Bei besonders mildernden Umständen kann auf Geldstrafe erkannt werden.

Gefängnis bis zu vier Jahren ist anzuwenden, wenn die Person, deren Unzucht befördert wird, unter 18 Jahren ist oder zu unzüchtigen Zwecken in das Ausland verbracht wird.

Wird das Verbrechen in Ausübung eines Berufes oder Gewerbes begangen, so kann dem Thäter das Recht aberkannt werden, den Beruf oder das Gewerbe fortzusetzen.

§ 207. Wegen Blutschande wird, wer den Beischlaf mit Verwandten absteigender Linie vollzieht, mit Gefängnis von einem bis zu acht Jahren, und wer den Beischlaf mit Verwandten aufsteigender Linie oder mit Bruder oder Schwester vollzieht, mit Gefängnis bis zu zwei Jahren bestraft.

Jedoch sind Personen unter 16 Jahren und Verwandte absteigender Linie unter 18 Jahren straflos. Das gleiche gilt von Personen unter 21 Jahren, wenn sie von einem Verwandten aufsteigender Linie verführt worden sind.

Wer zu einem solchen Beischlaf mitwirkt, wird mit Gefängnis bis zu acht Jahren bestraft.

§ 208. Wenn Personen, die durch eine bestehende Ehe in auf- und absteigender Linie verschwägert sind, miteinander den Beischlaf vollziehen, so werden sie mit Gefängnis bis zu 6 Monaten bestraft.

§ 207, 2. Absatz, findet entsprechende Anwendung.

Mit Gefängnis bis zu einem Jahre wird bestraft, wer zu einem solchen Beischlaf mitwirkt.

§ 209. Eine verheiratete Person, die mit einem andern als ihrem Ehegatten den Beischlaf vollzieht, sowie eine unverheiratete Person, die mit einem Verheirateten den Beischlaf vollzieht, werden mit Gefängnis bis zu drei Monaten bestraft.

Solange die Ehe eines der Thäter besteht, tritt die Strafverfolgung nicht ein, wenn nicht ein verletzter Ehegatte, dessen Ehe wegen des Verbrechens geschieden wird, es beantragt. Doch kann die Anklage immer erhoben werden, wenn der Antrag auf Ehescheidung wegen des Ehebruchs in Verbindung mit der Strafsache gestellt wird.

§ 210. Wer ohne gültige Ursachen sich weigert, die Ehe mit einer Frau zu schliefsen, die sich nach seinem vollendeten 21. Lebensjahre unter offenkundigem Verlöbnis oder im Vertrauen auf ein gegebenes Ehegelöbnis von ihm hat schwängern lassen, wird mit Gefängnis bis zu vier Monaten bestraft.

Die gleiche Strafe tritt ein, wenn er selbst vorsätzlich ein Ehehindernis hervorgerufen hat.

Ist ein Jahr nach der Niederkunft verflossen, ohne dafs die Ehe geschlossen ist, so wird dies in jedem Falle als Weigerung angesehen.

Die öffentliche Verfolgung tritt nur auf Antrag der Verletzten ein.

§ 211. Wer einen öffentlichen Vortrag unzüchtigen Inhalts hält oder eine öffentliche Vorstellung oder Ausstellung unzüchtigen Inhalts veranstaltet, oder wer dazu mitwirkt, dafs solche Vorträge, Vorstellungen oder Ausstellungen stattfinden, wird mit Geldstrafe oder mit Gefängnis bis zu einem Jahre bestraft.

In gleicher Weise wird bestraft, wer bewirkt oder dazu mitwirkt, dafs unzüchtige Schriften, Bilder oder dergleichen öffentlich feilgehalten oder ausgestellt oder auf andre Weise in der Öffentlichkeit zu verbreiten gesucht werden.

Wenn jemand das oben genannte Verbrechen in seinem Berufe oder Gewerbe innerhalb zweier Jahre zweimal begeht, so kann ihm das Recht aberkannt werden, den Beruf oder das Gewerbe fortzusetzen.

§ 212. Mit Geldstrafe oder mit Gefängnis bis zu einem Jahre wird bestraft, wer durch unzüchtiges Verhalten in Handlungen oder Worten den Anstand verletzt oder dazu mitwirkt, sofern die Verletzung geschehen ist:

1. Öffentlich;
2. in Anwesenheit einer Person, die nicht darein gewilligt hat; oder
3. in Anwesenheit eines Kindes unter 16 Jahren.

Hat der Schuldige eine unzüchtige Handlung mit einem Kinde unter 16 Jahren vorgenommen oder ein solches Kind zu unzüchtigem Verhalten verleitet, so tritt Gefängnis bis zu drei Jahren ein.

In dem Falle der No. 2 findet die öffentliche Verfolgung nur auf Antrag des Verletzten statt.

§ 213. Findet ein unzüchtiger Verkehr zwischen Personen

männlichen Geschlechts statt, so werden die Thäter und die dazu Mitwirkenden mit Gefängnis bis zu einem Jahre bestraft.

Die Verfolgung findet nur statt, wenn allgemeine Rücksichten es erfordern.

§ 214. In den Fällen der §§ 191, 193 Absatz 1, 194, 196, 197, 198 und 210 tritt keine Strafe ein und verliert ein erlassenes Urteil in dieser Beziehung seine Wirkung, sofern die Personen, zwischen denen der unzüchtige Verkehr stattgefunden hat, miteinander die Ehe eingehen.

20. Kapitel.

Verbrechen, die sich auf Familienverhältnisse beziehen.

§ 215. Wer in rechtswidriger Absicht einem andern den ihm zukommenden Familienstand zu entziehen oder wer sich selbst oder einem andern einen falschen Familienstand beizulegen sucht, oder wer dazu mitwirkt, wird mit Gefängnis bis zu sechs Jahren bestraft.

§ 216. Wer bewirkt oder dazu mitwirkt, dafs ein Unmündiger unter 18 Jahren gesetzwidrig der Obhut oder Gewalt seiner Eltern oder andrer entzogen wird oder entzogen gehalten wird, wird mit Gefängnis bis zu drei Jahren bestraft.

Bei mildernden Umständen kann Geldstrafe verhängt werden.

Die öffentliche Verfolgung tritt nur auf Antrag eines Verletzten ein.

§ 217. Ist das Verbrechen des § 216 gegen ein Kind unter 16 Jahren zu unzüchtigem Zwecke begangen, so wird der Schuldige mit Gefängnis bis zu fünf Jahren und, wenn das Kind unter 13 Jahren ist, bis zu acht Jahren bestraft.

Hat der Thäter das Verbrechen des § 216 in der Absicht begangen, den Unmündigen zu einem gewinnsüchtigen Zwecke zu benutzen oder dadurch das Verbrechen der §§ 200—205 oder des § 213 vorzubereiten, so tritt Gefängnis bis zu acht Jahren ein.

Ist das Verbrechen des § 216 an einem Kinde unter 16 Jahren begangen, das verborgen gehalten oder in das Ausland verbracht wird, oder das dadurch eine schwere Körperverletzung oder Gesundheitsbeschädigung erleidet, so tritt Gefängnis bis zu zehn Jahren und, sofern der Thäter zugleich die Absicht hatte, das Kind zu gewinnsüchtigen oder unzüchtigen Zwecken zu benutzen, Gefängnis nicht unter einem Jahre ein.

Ist das Verbrechen in Ausübung eines Berufes oder Gewerbes begangen, so kann dem Thäter das Recht aberkannt werden, den Beruf oder das Gewerbe fortzusetzen.

§ 218. Wer

1. ein unter seiner Obhut oder Gewalt stehendes Kind unter 16 Jahren in einer Weise beschäftigt, die seiner Gesundheit, Sittlichkeit oder Rechtschaffenheit verderblich ist, oder wer eine solche Beschäftigung erlaubt, oder
2. wer durch Mifsbrauch seiner Gewalt bewirkt oder dazu mitwirkt, dafs eine ihm untergebene Person unter 18 Jahren in solcher Weise beschäftigt wird,

wird mit Gefängnis bis zu einem Jahre bestraft.

Gleiche Strafe trifft den, der durch Verleitung oder Anreizung zu einer oben erwähnten Handlung mitwirkt.

Ist das Verbrechen in der Ausübung eines Berufes oder Gewerbes begangen, so kann dem Thäter das Recht aberkannt werden, den Beruf oder das Gewerbe fortzusetzen.

§ 219. Wer eine seinem Hausstande angehörige Person dadurch der Not aussetzt, dafs er sich böswillig der ihm obliegenden Unterhaltspflicht entzieht; oder wer durch Verwahrlosung, Mifshandlung oder andres ähnliches Verhalten seine Pflichten gegen Ehegatten, Kinder oder die seinem Hausstande angehörigen oder unter seiner Obhut stehenden Personen, welche wegen Krankheit, Alters oder anderer Umstände sich selbst zu helfen aufser stande sind, des öftern oder gröblich verletzt, wird mit Gefängnis bis zu zwei Jahren und, wenn sein Verhalten eine schwere Körperverletzung oder Gesundheitsbeschädigung verursacht hat, mit Gefängnis bis zu fünf Jahren bestraft.

In gleicher Weise wird bestraft, wer durch Verleitung oder Anreizung zu einer oben erwähnten Handlung mitwirkt.

§ 220. Wer eine Ehe schliefst, welche wegen einer frühern Ehe oder wegen Verwandtschaft oder Schwägerschaft nichtig ist, sowie wer dazu mitwirkt, wird mit Gefängnis bis zu vier Jahren und, wenn der andre Ehegatte die Nichtigkeit nicht kannte, bis zu sechs Jahren bestraft.

Wer bewirkt oder dazu mitwirkt, dafs eine Ehe, die wegen der benutzten Formen nichtig ist, mit einer Person, die die Nichtigkeit nicht kennt, geschlossen wird, ist mit Gefängnis bis zu vier Jahren zu bestrafen.

§ 221. Wer eine Ehe schliefst, deren Auflösung der andre Teil wegen Irrtums oder Zwangs verlangen kann, oder wer zur Schliefsung einer solchen Ehe mitwirkt, wird mit Gefängnis bis zu vier Jahren bestraft.

Bei mildernden Umständen kann Geldstrafe verhängt werden.

Die öffentliche Verfolgung tritt nur auf Antrag des Verletzten ein. Solange die Ehe besteht, kann die Strafverfolgung nicht eingeleitet werden, es sei denn, dafs der Antrag auf Auflösung der Ehe in Verbindung mit der Strafsache gestellt wird.

21. Kapitel.

Verbrechen wider die persönliche Freiheit.

§ 222. Wer durch rechtswidriges Verhalten oder durch Drohungen mit solchem jemanden zu einer Handlung, Duldung oder Unterlassung zwingt, oder wer dazu mitwirkt, wird mit Geldstrafe oder mit Gefängnis bis zu drei Jahren bestraft.

Mit Geldstrafe oder mit Gefängnis bis zu einem Jahre wird bestraft, wer durch die Drohung mit einer Anklage oder Anzeige wegen einer strafbaren Handlung oder mit Vorbringen einer ehrenkränkenden Beschuldigung jemanden rechtswidrig zu einer Handlung, Duldung oder Unterlassung zwingt, oder wer dazu mitwirkt.

Ohne den Antrag des Verletzten findet die öffentliche Verfolgung nicht statt, es sei denn, dafs allgemeine Rücksichten es fordern.

§ 223. Wer gesetzwidrig einen andern der Freiheit beraubt oder zu einer solchen Freiheitsberaubung mitwirkt, wird mit Gefängnis bis zu fünf Jahren bestraft.

Hat die Freiheitsberaubung über einen Monat gedauert, oder hat sie jemandem ungewöhnliche Leiden oder eine schwere Körperverletzung oder Gesundheitsbeschädigung verursacht oder den Tod eines Menschen mit sich geführt, so tritt Gefängnis nicht .unter einem Jahre ein.

§ 224. Wer durch Gewalt, Drohungen oder hinterlistiges Verhalten jemanden ungesetzlich in seine oder eines andern Gewalt bringt, um ihn in hilfloser Lage auszusetzen oder in auswärtige Kriegsdienste oder in Gefangenschaft oder in sonstige Abhängigkeit in einem fremden Lande zu bringen oder um ihn zu unzüchtigen Zwecken in ein fremdes Land zu verbringen, oder wer dazu mitwirkt, wird mit Gefängnis bis zu zehn Jahren bestraft.

§ 225. Wer bewirkt oder dazu mitwirkt, dafs ein andrer in Sklaverei gebracht wird, wird mit Gefängnis nicht unter fünf Jahren oder mit lebenslänglichem Gefängnis bestraft.

In gleicher Weise wird bestraft, wer Sklavenhandel oder die Beförderung von Personen, die zu solchem Handel bestimmt sind, betreibt oder dazu mitwirkt.

Ist das Verbrechen in der Ausübung eines Berufes oder Gewerbes begangen worden, so kann dem Schuldigen das Recht aberkannt werden, den Beruf oder das Gewerbe fortzusetzen.

§ 226. Wer sich einer Freiheitsberaubung schuldig macht, die er ohne triftigen Grund für gesetzmäfsig ansieht, oder wer in den Fällen, wo vorläufige Festnahme stattfinden kann, eine solche unter Vernachlässigung der im Gesetz vorgeschriebenen Verfahrensart vornimmt, wird mit Geldstrafe oder mit Haft oder Gefängnis bis zu drei Monaten bestraft.

Die öffentliche Verfolgung tritt nur auf Antrag des Verletzten ein.

§ 227. Wer in Worten oder Handlungen mit einem strafbaren Vorhaben, das höhere Strafe als Haft von einem Jahre oder Gefängnis von sechs Monaten nach sich ziehen kann, unter solchen Umständen droht, dafs die Drohung geeignet ist, ernstliche Furcht hervorzurufen, oder wer zu einer solchen Drohung mitwirkt, wird mit Geldstrafe oder mit Gefängnis bis zu drei Jahren bestraft.

Ohne den Antrag des Verletzten findet die öffentliche Verfolgung nicht statt, es sei denn, dafs die Drohung gegen eine unbestimmte Mehrheit von Personen gerichtet ist oder dafs dies aus andern allgemeinen Rücksichten erforderlich erscheint.

22. Kapitel.

Verbrechen wider das Leben, den Leib und die Gesundheit.

§ 228. Wer rechtswidrig gegen die Person eines andern Gewalt verübt oder ihn auf andre Weise körperlich verletzt, oder wer dazu mitwirkt, wird wegen Körperverletzung mit Geldstrafe oder mit Gefängnis bis zu sechs Monaten bestraft.

Hat die Körperverletzung einen Schaden an Leib oder Gesundheit oder beträchtliche Schmerzen zur Folge, so kann auf Gefängnis bis zu zwei Jahren und, wenn dadurch der Tod oder eine schwere Körperverletzung oder Gesundheitsbeschädigung verursacht worden ist, auf Gefängnis bis zu vier Jahren erkannt werden.

Ist die Körperverletzung mit einer Körperverletzung erwidert, oder wurde durch sie eine voraufgehende Körperverletzung oder Beleidigung erwidert, so kann sie straflos gelassen werden.

Die öffentliche Verfolgung tritt nur auf Antrag des Verletzten ein, es sei denn, dafs das Verbrechen den Tod zur Folge gehabt hat oder dafs allgemeine Rücksichten die Verfolgung fordern.

§ 229. Wer rechtswidrig einen andern an Leib oder Gesundheit beschädigt oder ihn in Ohnmacht, Bewufstlosigkeit oder einen ähnlichen Zustand versetzt, oder wer dazu mitwirkt, wird wegen Körperbeschädigung mit Gefängnis bis zu zwei Jahren; wenn eine Krankheit oder Arbeitsunfähigkeit von mehr als zweiwöchentlicher Dauer oder ein unheilbares Gebrechen, eine unheilbare Entstellung oder ein unheilbarer Schaden verursacht worden ist, mit Gefängnis bis zu fünf Jahren und, wenn der Tod oder eine schwere Körperverletzung oder Gesundheitsbeschädigung die Folge gewesen ist, mit Gefängnis bis zu sieben Jahren bestraft.

Die öffentliche Verfolgung tritt ohne den Antrag des Verletzten nicht ein, es sei denn, dafs das Verbrechen den Tod zur Folge gehabt hat oder dafs allgemeine Rücksichten die Verfolgung fordern.

§ 230. Die Strafen der §§ 228 und 229 können um die Hälfte erhöht werden, wenn der Schuldige bereits mehrmals wegen eines Verbrechens von gewaltthätiger Art verurteilt worden ist.

§ 231. Wer rechtswidrig bewirkt oder dazu mitwirkt, daſs einem andern eine schwere Körperverletzung oder Gesundheitsbeschädigung zugefügt wird, wird wegen grober Körperbeschädigung mit Gefängnis nicht unter zwei Jahren bestraft. Hat er mit Überlegung gehandelt, so tritt Gefängnis nicht unter vier Jahren ein; wenn das Verbrechen den Tod zur Folge gehabt hat, so kann auf lebenslängliches Gefängnis erkannt werden.

§ 232. Ist ein Verbrechen gegen die §§ 228—231 vorsätzlich auf eine besonders schmerzerregende Weise oder mittels Gift oder sonstiger in hohem Grade gesundheitsgefährlicher Stoffe ausgeführt worden, so ist stets auf Gefängnis zu erkennen, und es kann wegen des Verbrechens gegen § 231 in jedem Falle lebenslängliches Gefängnis verhängt und im übrigen können die Strafen bis um drei Jahre erhöht werden.

§ 233. Wer rechtswidrig den Tod eines andern verursacht, oder wer dazu mitwirkt, wird wegen Totschlags mit Gefängnis nicht unter sechs Jahren und, sofern er mit Überlegung gehandelt hat, wegen Mordes mit lebenslänglichem Gefängnis oder mit Gefängnis nicht unter zehn Jahren bestraft.

Im Rückfalle oder wenn der Schuldige den Totschlag begangen hat, um ein andres Verbrechen zu erleichtern oder zu verheimlichen, oder um sich der Strafe wegen eines solchen zu entziehen, oder wenn sonst besonders erschwerende Umstände vorliegen, kann in jedem Falle auf lebenslängliches Gefängnis erkannt werden.

§ 234. Ist das Verbrechen des § 233 von einer Mutter gegen ihr uneheliches Kind entweder

1. während oder unmittelbar nach der Geburt, oder
2. binnen 5 Tagen nach der Geburt in der Absicht, die Schwangerschaft zu verheimlichen,

begangen worden, so wird sie mit Gefängnis von einem bis zu sechs Jahren bestraft.

Im Rückfalle, oder wenn sonst besonders erschwerende

Umstände vorliegen, kann Gefängnis bis zu zwölf Jahren verhängt werden.

Der Versuch kann straflos gelassen werden, sofern dem Kinde keine schwere Körperverletzung oder Gesundheitsbeschädigung zugefügt ist.

§ 235. Die Strafen der §§ 228 und 229 kommen nicht zur Anwendung, wenn die Handlung gegen einen Einwilligenden vorgenommen worden ist.

Ist mit seiner eignen Einwilligung jemand getötet oder ihm eine schwere Körperverletzung oder Gesundheitsbeschädigung zugefügt worden, oder hat jemand aus Mitleid einen hoffnungslosen Kranken des Lebens beraubt oder dazu mitgewirkt, so kann die Strafe unter das sonst angedrohte Mindestmafs und auf eine mildere Strafart herabgesetzt werden.

§ 236. Wer dazu mitwirkt, dafs ein andrer sich selbst entleibt oder sich eine schwere Körperverletzung oder Gesundheitsbeschädigung zufügt, wird ebenso bestraft, wie wegen Mitwirkung zum Totschlag oder zu einer groben Körperbeschädigung gegenüber einem Einwilligenden.

Die Strafe fällt fort, wenn der Tod oder die schwere Körperverletzung oder Gesundheitsbeschädigung nicht eingetreten sind.

§ 237. Wer durch Fahrlässigkeit eine Arbeitsunfähigkeit, Krankheit, Entstellung, Gebrechen oder Schaden der im § 229 erwähnten Art verursacht, wird mit Geldstrafe oder mit Gefängnis bis zu neun Monaten bestraft.

Wer durch Fahrlässigkeit eine schwere Körperverletzung oder Gesundheitsbeschädigung verursacht, wird mit Geldstrafe oder mit Gefängnis bis zu zwei Jahren bestraft.

Die öffentliche Verfolgung tritt nur auf Antrag des Verletzten ein.

§ 238. Wer durch Fahrlässigkeit den Tod eines andern verursacht, wird mit Gefängnis bis zu drei Jahren bestraft. Bei besonders mildernden Umständen kann auf Geldstrafe erkannt werden.

§ 239. Mit Gefängnis bis zu einem Jahre wird eine Frauensperson bestraft, die vorsätzlich bewirkt hat, dafs ihr die notwendige Hilfe bei ihrer Niederkunft mit einem unehelichen Kinde mangelte, das bei der Geburt oder kurz danach gestorben ist, ohne dafs eine andre Todesursache als wahrscheinliche nachgewiesen werden kann. Bei besonders mildernden Umständen kann auf Geldstrafe erkannt werden.

In gleicher Weise wird bestraft, wer bewirkt hat oder dazu mitgewirkt hat, dafs die Frauensperson sich bei der Niederkunft in einer solchen Lage befand.

§ 240. Mit Geldstrafe oder mit Gefängnis bis zu einem Jahre wird der Mann bestraft, der sich böswillig der Pflicht entzieht, einer von ihm aufserehelich geschwängerten Frauensperson die aus Anlafs der Schwangerschaft oder Niederkunft notwendige Hilfe zu leisten, wenn dies zur Folge hat, dafs die Frauensperson in einen notleidenden oder hilflosen Zustand versetzt wird, in dem sie ein gegen die Leibesfrucht oder das Leben des Kindes gerichtetes oder dasselbe einer Gefahr aussetzendes Verbrechen begeht.

§ 241. Mit Gefängnis bis zu zwei Jahren wird der Mann bestraft, der, obwohl er weifs, dafs eine von ihm aufserehelich geschwängerte Frauensperson ein gegen die Leibesfrucht oder das Leben des Kindes gerichtetes oder dasselbe einer Gefahr aussetzendes Verbrechen beabsichtigt, es unterläfst, Schritte zu unternehmen, durch die dem Verbrechen vorgebeugt werden könnte. Hat das Verbrechen den Tod des Kindes zur Folge gehabt, so kann Gefängnis bis zu vier Jahren angewendet werden.

§ 242. Wer rechtswidrig einen andern in einen hilflosen Zustand versetzt, oder wer dazu mitwirkt, wird mit Gefängnis bis zu drei Jahren bestraft.

In gleicher Weise wird bestraft, wer rechtswidrig jemanden in hilflosem Zustand verläfst, der unter seiner Hut steht oder zu dessen Begleitung, Beförderung, Empfangnahme oder sonstiger Fürsorge er verpflichtet ist, oder wer eine solche Person in hilfloser Lage bleiben läfst, sowie wer durch Verleitung oder Anreizung dazu mitwirkt.

Hat das Verbrechen den Tod oder eine schwere Körperverletzung oder Gesundheitsbeschädigung zur Folge, so wird der Schuldige mit Gefängnis bis zu sechs Jahren bestraft.

Die öffentliche Verfolgung findet ohne den Antrag des Verletzten nicht statt, es sei denn, dafs das Verbrechen den

Tod zur Folge hat oder dafs allgemeine Rücksichten die Verfolgung fordern.

§ 243. Wurde durch ein Verbrechen gegen § 242 eine offenbare Gefahr für Leben oder Gesundheit hervorgerufen, so wird der Schuldige mit Gefängnis bis zu acht Jahren und, wenn das Verbrechen den Tod oder eine schwere Körperverletzung oder Gesundheitsbeschädigung zur Folge hat, mit Gefängnis nicht unter drei Jahren bestraft.

§ 244. Eine Mutter, die entweder unmittelbar oder, um die Schwangerschaft zu verbergen, binnen fünf Tagen nach der Geburt das Verbrechen der §§ 242 oder 243 gegen ihr uneheliches Kind begeht, wird in keinem Falle strenger als nach § 234 bestraft.

Ist weder der Tod des Kindes noch eine schwere Körperverletzung oder Gesundheitsbeschädigung verursacht, so kann das Verbrechen straflos gelassen werden.

§ 245. Eine Frauensperson, die durch Abtreibungsmittel oder auf andre Weise rechtswidrig ihre Leibesfrucht, mit der sie schwanger geht, tötet oder dazu mitwirkt, wird wegen Fruchtabtreibung mit Gefängnis bis zu drei Jahren bestraft.

Macht ein andrer als die Mutter sich der Fruchtabtreibung oder der Mitwirkung dazu schuldig, so wird er mit Gefängnis bis zu sechs Jahren bestraft. Hat er ohne die Einwilligung der Mutter gehandelt, so tritt Gefängnis nicht unter zwei Jahren und, wenn die Mutter infolge des Verbrechens ums Leben kommt oder eine schwere Körperverletzung oder Gesundheitsbeschädigung erleidet, Gefängnis nicht unter sechs Jahren oder lebenslängliches Gefängnis ein.

23. Kapitel.
Beleidigungen.

§ 246. Wer rechtswidrig durch Worte oder Handlungen einem andern eine Beleidigung zufügt, oder wer dazu mitwirkt, wird mit Geldstrafe oder mit Gefängnis bis zu sechs Monaten bestraft.

§ 247. Wer zu bewirken oder dazu mitzuwirken sucht, dafs etwas Glauben findet, was geeignet ist, dem guten Namen und Ruf eines andern zu schaden oder ihn dem Hafs oder

der Geringschätzung auszusetzen, wird mit Geldstrafe oder mit Gefängnis bis zu sechs Monaten bestraft.

Ist die Beschuldigung in einer Druckschrift vorgebracht oder auf andre Weise allgemein bekannt gemacht, oder ist sie gegen einen öffentlichen Beamten entweder im Dienste oder wegen einer öffentlichen Diensthandlung oder als Rache wegen einer solchen vorgebracht, so kann Gefängnis bis zu einem Jahre verhängt werden.

§ 248. Hat der Thäter des § 247 wider bessres Wissen gehandelt, so wird er mit Gefängnis bis zu drei Jahren bestraft.

Bei besonders mildernden Umständen kann Geldstrafe verhängt werden.

§ 249. 1. Die Strafe des § 247 kommt nicht zur Anwendung, wenn der Beweis für die Wahrheit der Beschuldigung oder für solche Umstände geführt wird, die dazu berechtigten, die Wahrheit der Beschuldigung für dargethan zu halten. Ein solcher Beweis wird nicht zugelassen für eine strafbare Handlung, wegen deren der Beschuldigte durch rechtskräftiges Urteil im In- oder Auslande freigesprochen ist.

2. Auf jemanden, der zu der Äußerung verpflichtet oder genötigt gewesen ist oder der die Äußerung in berechtigter Wahrnehmung eigner oder fremder Interessen gethan hat, findet die Strafe des § 247 keine Anwendung, es sei denn, daß er sich grober Fahrlässigkeit schuldig gemacht hat. Das gleiche gilt für Äußerungen, die unter solchen Umständen erfolgt sind, daß man nicht annehmen konnte, sie würden in weitern Kreisen bekannt werden, wenn wahrscheinlich gemacht wird, daß sie in gutem Glauben ausgesprochen wurden, und wenn grobe Fahrlässigkeit nicht vorliegt.

3. Die Bestimmungen der Ziffern 1 und 2 dieses Paragraphen hindern nicht, daß eine Äußerung nach § 246 bestraft wird, wenn ihr Vorbringen wegen der Form oder auf Grund der Art und Weise, in der, oder der Umstände, unter denen sie geschah, oder aus andern Gründen ohne Rücksicht auf ihre Wahrheit als ungebührlich betrachtet werden muß.

4. In jedem Falle, wo eine Äufserung ohne Rücksicht auf ihre Wahrheit als ungebührlich der Strafverfolgung nach § 246 unterliegt, ist der Beweis der Wahrheit oder solcher Umstände, die dazu berechtigten, die Wahrheit für dargethan zu halten, ausgeschlossen.

§ 250. Ist die Beleidigung von dem Verletzten selbst durch ungebührliches Benehmen hervorgerufen, oder ist sie mit einer Körperverletzung oder Beleidigung erwidert, so kann die Strafe fortfallen.

§ 251. Die Verbrechen der §§ 246 und 247 unterliegen keiner öffentlichen Anklage*).

Das Verbrechen des § 248 wird nur auf Antrag des Verletzten verfolgt.

Ist eines der Verbrechen dieses Kapitels gegen einen öffentlichen Beamten in Ausübung seines Dienstes oder aus Anlafs einer Diensthandlung begangen, oder wird jemand, der entweder öffentlicher Beamter ist oder in dem mafsgebenden Zeitpunkte war, einer Handlung oder eines Verhaltens beschuldigt, das ihm Strafe oder Amtsverlust zuziehen könnte, so kann stets die öffentliche Anklage erhoben werden.

§ 252. Die in diesem Kapitel als strafbar bezeichneten Handlungen sind auch dann zu bestrafen, wenn sie gegen das Andenken eines Verstorbenen gerichtet sind. Doch ist hier die Strafe im Falle der §§ 246 und 247 auf Geldstrafe und im Falle des § 248 auf Geldstrafe oder Gefängnis bis zu drei Monaten herabzusetzen.

Die öffentliche Anklage wird in keinem Falle erhoben.

Berechtigt zur Erhebung der Anklage sind der Ehegatte, die Eltern, Kinder, Geschwister und Erben des Verstorbenen.

Eine Beleidigung, die gegen jemanden zehn Jahre nach seinem Tode vorgebracht wird, kann nur im Falle des § 248 verfolgt werden.

§ 253. In allen Fällen, in denen die Möglichkeit bestanden hat, für eine Beschuldigung den Wahrheitsbeweis zu führen, kann der Verletzte verlangen, dafs das Gericht, sofern der Beweis nicht für geführt erachtet wird, die Beschuldigung für tot und machtlos erklärt.

---

*) Folglich findet nur eine private Anklage statt. (Anm. der Übers.)

§ 254. Das Gericht kann, wenn hierauf angetragen wird, den Verurteilten verpflichten, eine nach ihrer Höhe im Urteil zu bestimmende Summe an den Verletzten zur Bestreitung der Unkosten zu entrichten, die durch Bekanntmachung entweder der Urteilsformel allein oder der Urteilsformel in Verbindung mit den Urteilsgründen in einer oder mehreren öffentlichen Zeitungen entstehen.

Ist die Beleidigung in öffentlichen Blättern oder Zeitschriften vorgebracht, so kann auf Verlangen des Verletzten dem Herausgeber unter Androhung einer Geldbufse für jeden Tag der Zuwiderhandlung die Verpflichtung auferlegt werden, sowohl die Urteilsgründe wie die Urteilsformel aufzunehmen. Die Aufnahme, die unentgeltlich und an der Spitze des Blattes oder der Zeitschrift geschieht, mufs binnen einer Woche nach Empfang der hierzu bestimmten Abschrift des Urteils stattfinden oder, wenn es nicht binnen dieser Zeit möglich ist, in der ersten demnächst erscheinenden Nummer beziehungsweise dem ersten Heft.

24. Kapitel.

Unterschlagung, Diebstahl und Mauserei.

§ 255. Wer in der Absicht, dadurch jemandem einen unberechtigten Gewinn zu verschaffen, sich eine bewegliche Sache aneignet, die ganz oder teilweise einem andern gehört, oder den Besitz einer ihm anvertrauten beweglichen Sache leugnet oder sie rechtswidrig veräufsert oder verbraucht, oder wer dazu mitwirkt, ist der Unterschlagung schuldig.

§ 256. Unterschlagung wird mit Gefängnis bis zu drei Jahren bestraft.

Hat der Schuldige wissentlich eine Gefahr für das Leben oder die Gesundheit eines andern oder die Gefahr einer ausgedehnten Zerstörung fremden Eigentums verursacht oder jemandes Stellung erschüttert, oder Gegenstände von höherem Wert als 1000 Kronen unterschlagen, so wird er mit Gefängnis bis zu sechs Jahren und, wenn infolge des Verbrechens ein Mensch um das Leben kommt oder eine schwere Körperverletzung oder Gesundheitsbeschädigung erleidet, mit Gefängnis nicht unter drei Jahren bestraft.

Ist die unterschlagene Sache von geringem Wert, oder

sind sonst besonders mildernde Umstände vorhanden, so kann die Strafe auf Geldstrafe herabgesetzt werden.

Die Unterschlagung von Fundsachen wird mit Geldstrafe oder mit Gefängnis bis zu sechs Monaten bestraft. Wenn der Wert der durch eine oder mehrere Handlungen unterschlagenen Sachen nicht 5 Kronen übersteigt, so wird eine solche Unterschlagung als Übertretung nach § 394 behandelt.

§ 257. Wer ohne die Einwilligung des Besitzers eine Sache, die ganz oder teilweise einem andern gehört, in der Absicht, jemandem durch ihre Aneignung einen unberechtigten Gewinn zu verschaffen, wegnimmt oder zu der Wegnahme mitwirkt, wird wegen Diebstahls mit Gefängnis bis zu drei Jahren bestraft.

§ 258. Schwerer Diebstahl liegt vor, sofern gestohlen wird:

1. in oder aus einem Hause, Schiffe oder Eisenbahnwagen oder einem Raume darin, einem geschlossenen Hofraume oder ähnlichen Aufbewahrungs- oder Aufenthaltsorte, zu dem der Thäter in der Absicht, zu stehlen, sich oder einem andern durch Einbruch (§ 147, Abs. 1) oder mittels einer Leiter, eines Seils oder eines andern besondern Gerätes Zutritt verschafft hat, oder
2. zur Nachtzeit an einem Orte, der gewöhnlich verschlossen gehalten wird, von einer Person, die sich in der Absicht, zu stehlen, dort eingeschlichen hat, oder
3. in oder aus einem Hause, Schiffe, Eisenbahnwagen, verschlossenen Hofraum oder einem ähnlichen Aufbewahrungs- oder Aufenthaltsorte aus dort befindlichen Schränken, Kisten, Schubladen oder ähnlichen Behältnissen, die entweder auf der Stelle oder, nachdem sie anderswohin gebracht sind, mit Gewalt erbrochen oder mittels Dietriche oder falscher Schlüssel geöffnet werden.

§ 259. Der Diebstahl ist ferner ein schwerer, wenn er begangen wird

1. von mehreren, die sich zur Begehung von Diebstahl, Hehlerei, Erpressung, Raub oder ähnlichen Verbrechen verbunden haben,

2. von einer Person, die Waffen mit sich genommen hat, um sie nötigenfalls zum Angriff, zur Verteidigung oder zu einer Drohung zu benutzen; oder
3. von einer Person, die zu diesem Zwecke sich verkleidet oder eine öffentliche Eigenschaft oder Order vorgegeben oder mifsbraucht oder eine falsche oder einen andern betreffende Urkunde benutzt hat.

§ 260. Schwerer Diebstahl liegt auch vor,

1. wenn der Schuldige wissentlich eine Gefahr für das Leben oder die Gesundheit eines Menschen oder die Gefahr einer ausgedehnten Zerstörung von fremdem Eigentum verursacht oder die Stellung jemandes erschüttert hat; oder
2. wenn durch Mifsbrauch eines Vertrauensverhältnisses Sachen von höherm Wert als 1000 Kronen gestohlen worden sind.

§ 261. Der schwere Diebstahl, sowie die Mitwirkung dazu wird mit Gefängnis bis zu sechs Jahren bestraft. Treffen mehrere der in den §§ 258—260 aufgezählten Umstände zusammen, so kann Gefängnis bis zu acht Jahren angewendet werden.

Hat das Verbrechen den Tod eines Menschen oder eine schwere Körperverletzung oder Gesundheitsbeschädigung mit sich geführt, so tritt Gefängnis nicht unter einem Jahre ein.

§ 262. Wer das Verbrechen der §§ 255 oder 257 begeht oder su der Begehung mitwirkt — ohne dafs einer der Umstände der §§ 256 Abs. 2, 258—260 vorliegt — wird wegen Mauserei mit Geldstrafe oder mit Gefängnis bis zn 6 Monaten bestraft, sofern Nahrungs- oder Genufsmittel, die auf der Stelle verbraucht werden, oder Gegenstände von nicht höherm Werte als 5 Kronen in der Absicht entwendet werden, sie entweder selbst zu behalten oder zu verbrauchen oder sie andern zu solchem Zweck unentgeltlich zu überlassen.

§ 263. Wenn derjenige, der wegen Unterschlagung, Diebstahls oder Mauserei verurteilt wird, nach diesem Kapitel oder nach Kapitel 17, 18, 25, 26 oder 27 oder nach §§ 88, 147, 204, 206 oder 318 bereits mit Gefängnis vorbestraft ist, so kann die Strafe bis um die Hälfte und, wenn er mehrmals früher auf diese Weise bestraft worden ist, bis auf das Doppelte erhöht werden.

§ 264. Wegen Mauserei wird ohne den Antrag der Verletzten keine öffentliche Anklage erhoben.

Das gleiche gilt für Unterschlagung anderer Gegenstände als Fundsachen, soweit nicht allgemeine Rücksichten die Verfolgung fordern.

§ 265. Wegen Unterschlagung und Diebstahls gegen einen Angehörigen des Thäters wird ohne den Antrag des Verletzten keine öffentliche Anklage erhoben.

Das gleiche gilt für Unterschlagung und einfachen Diebstahl, die gegen eine Person desselben Hausstandes oder gegen jemanden begangen werden, in dessen Diensten der Thäter steht, wenn der Wert des durch ein oder mehrere Verbrechen Zugeeigneten zwanzig Kronen nicht übersteigt.

Wenn mehrere zusammengewirkt haben und die Erhebung einer öffentlichen Anklage in Gemäfsheit der vorstehenden Bestimmungen nur gegen einzelne der Thäter statthaft sein würde, so entscheidet die Anklagebehörde, ob die Verfolgung nur gegen diese oder gegen sämtliche oder gegen keinen stattfinden soll. Der Mitwirkung steht in dieser Beziehung die Hehlerei hinsichtlich des Verbrechens gleich.

25. Kapitel.

Erpressung und Raub.

§ 266. Wer in der Absicht, jemandem einen unberechtigten Gewinn zu verschaffen, durch rechtswidriges Verhalten oder Drohung damit einen andern zur Vornahme einer Handlung zwingt, durch die dem Handelnden oder einer Person, für die er handelt, ein Vermögensverlust zugefügt wird, oder wer dazu mitwirkt, wird wegen Erpressung mit Gefängnis bis zu 5 Jahren bestraft.

Mit Geldstrafe oder mit Gefängnis bis zu 3 Jahren wird bestraft, wer in der genannten Absicht jemanden zur Vornahme einer solchen Handlung dadurch rechtswidrig zwingt, dafs er mit einer Anklage oder Anzeige wegen einer strafbaren Handlung oder mit dem Vorbringen einer ehrenkränkenden Beschuldigung droht, oder wer dazu mitwirkt.

§ 263 findet entsprechende Anwendung.

Im Falle des zweiten Absatzes tritt die öffentliche Verfolgung nicht ohne den Antrag des Verletzten ein, es sei denn, dafs allgemeine Rücksichten es erfordern. Im übrigen findet § 265, Absatz 1 und 3, Anwendung.

§ 267. Wer in der Absicht, jemandem einen unberechtigten Gewinn zu verschaffen, dadurch dafs er Gewalt gegen eine Person übt oder sie aufser stande setzt, sich zu verteidigen, oder mittels solcher Drohungen, die Furcht für das Leben oder die Gesundheit jemandes hervorrufen, sich eines Gegenstandes, der ganz oder teilweise einem andern gehört, bemächtigt oder jemanden zur Vornahme einer Handlung zwingt, durch die dem Handelnden oder einer Person, für die er handelt, ein Vermögensverlust zugefügt wird, oder wer dazu mitwirkt, wird wegen Raubes mit Gefängnis bis zu 10 Jahren, und wenn infolge des Verbrechens ein Mensch ums Leben kommt oder eine schwere Körperverletzung oder Gesundheitsbeschädigung erleidet, mit Gefängnis nicht unter 3 Jahren bestraft.

§ 268. Der Raub wird mit Gefängnis nicht unter 3 Jahren bestraft, wenn

1. der Schuldige zu wiederholten Malen wegen Raubes oder schweren Diebstahls verurteilt worden ist;
2. durch das Verbrechen vorsätzlich ein Schaden an Leib oder Gesundheit oder beträchtliche Schmerzen zugefügt werden;
3. das Verbrechen von mehreren begangen wird, die sich zur Begehung von Diebstahl, Hehlerei, Erpressung, Raub oder ähnlichen Verbrechen verbunden haben, oder von denen einer bewaffnet ist;
4. das Verbrechen zur Nachtzeit in einem bewohnten Raum verübt wird, zu dem der Thäter sich auf eine in §§ 258 Nr. 1 und 2 oder 259 Nr. 3 erwähnte Weise Zutritt verschafft.

Hat ein solcher Raub, wie er in diesem Paragraphen behandelt ist, den Tod eines Menschen mit sich geführt oder ist der Thäter bereits aus diesem Paragraphen vorbestraft, so kann lebenslängliches Gefängnis verhängt werden.

§ 269. Mit Gefängnis bis zu 3 Jahren wird bestraft:

1. wer sich mit jemandem zur Begehung von Raub verbindet,
2. wer, um Raub zu begehen, ein Schiff ausrüstet oder die Ausrüstung beginnt,

oder wer dazu mitwirkt.

26. Kapitel.

Betrug und Untreue.

§ 270. Wer in der Absicht, jemandem hierdurch einen unberechtigten Gewinn zu verschaffen, dadurch dafs er einen Irrtum hervorruft oder verstärkt, jemanden rechtswidrig zu einer Handlung verleitet, durch die dem Handelnden oder einem andern, für den er handelt, ein Vermögensverlust zugefügt wird, oder wer dazu mitwirkt, wird wegen Betrugs mit Geldstrafe oder mit Gefängnis bis zu 3 Jahren bestraft.

§ 271. Gefängnis bis zu 6 Jahren tritt ein, wenn der Betrug begangen wird:

1. mittels Verkleidung oder durch Anmafsung oder Mifsbrauch einer öffentlichen Eigenschaft oder Order;
2. durch Gebrauch von falschem Mafs oder Gewicht in einem Handelsgewerbe oder durch falsche Stempelung von Gold- oder Silberarbeiten, oder
3. durch Veräufserung von Haustieren, die an einer ansteckenden Krankheit leiden;
4. durch Veräufserung von Waren, die mit Stoffen verfälscht sind, die sie für die Gesundheit von Menschen oder Haustieren schädlieh machen;
5. wenn der Schaden 1000 Kronen übersteigt.

§ 272. Wer dadurch, dafs er einen Irrtum hervorruft oder verstärkt, einen andern zur Übernahme einer Versicherung verleitet, die er sonst nicht oder nur unter anderen Bedingungen übernommen hätte, oder wer dazu mitwirkt, wird mit Geldstrafe oder mit Gefängnis bis zu 3 Jahren bestraft.

Mit Gefängnis bis zu 6 Jahren wird bestraft, wer in der Absicht, jemandem auf Kosten des Versicherers einen Gewinn zu verschaffen, einen versicherten Gegenstand zerstört, beschädigt oder bei Seite schafft oder für einen nicht versicherten Gegenstand Ersatzansprüche erhebt, oder wer dazu mitwirkt.

§ 273. Wer lügenhafte Berichte ausbreitet, durch die er auf den Preis von Waren, Wertpapieren oder ähnlichen Gegenständen einzuwirken bezweckt, oder wer dazu mitwirkt, wird mit Geldstrafe oder mit Gefängnis bis zu 2 Jahren bestraft.

In gleicher Weise wird bestraft, wer:

1. als Einlader zur Gründung einer Aktiengesellschaft, zur Übernahme einer Anleihe oder zu einem ähnlichen Unternehmen Teilnehmer durch falsche Angaben oder durch Unterdrückung der Wahrheit zu sammeln sucht, oder
2. in einer Aktiengesellschaft oder einer ähnlichen Unternehmung Berichte über deren Geschäftslage veröffentlicht, die entweder durch unrichtige Anführungen oder Unterdrückung wesentlicher Umstände geeignet sind, irrezuleiten, oder solche Berichte an eine Behörde oder einen andern Interessenten erstattet,

oder wer dazu mitwirkt.

§ 274. Wer mittels falscher Angaben sich oder andern ein Darlehen oder eine Leistung ohne gleichzeitige Erbringung einer Gegenleistung verschafft, mit dem Erfolge, dafs dadurch ein Vermögensverlust verursacht wird, oder wer dazu mitwirkt, wird mit Geldstrafe oder mit Gefängnis bis zu einem Jahre bestraft.

§ 275. Wer in der Absicht, jemandem einen unberechtigten Gewinn zu verschaffen oder zu schaden, die Angelegenheiten eines andern, welche seiner Leitung oder Aufsicht unterstehen, vernachlässigt oder in dieser Beziehung gegen die Interessen des andern handelt, wird mit Geldstrafe oder mit Gefängnis bis zu 3 Jahren bestraft.

Hat der Thäter einen Schaden von mehr als 1000 Kronen zugefügt oder hat er zur Verheimlichung des Verbrechens Rechnungen oder Bücher unrichtig geführt, falsche Urkunden angefertigt oder sich verschafft oder Rechnungen, Bücher oder andere Urkunden vernichtet, unbrauchbar gemacht, verfälscht oder verheimlicht, so kann Gefängnis bis zu 6 Jahren verhängt werden.

In gleicher Weise wird bestraft, wer durch Verleitung

oder Anreizung zu einer oben erwähnten Handlung mitwirkt.

§ 276. Wer in der Absicht dadurch jemandem einen unberechtigten Gewinn zu verschaffen, durch ein Rechtsgeschäft rechtswidrig über einen Gegenstand verfügt, der von ihm einem andern zu Eigentum oder zum Gebrauch übertragen ist, oder wer dazu mitwirkt, wird mit Geldstrafe oder mit Gefängnis bis zu 3 Jahren bestraft.

§ 277. Hat der Thäter durch eines der Verbrechen dieses Kapitels wissentlich eine Gefahr für das Leben oder die Gesundheit eines andern oder die Gefahr einer ausgedehnten Zerstörung fremden Eigentums verursacht oder die Stellung eines andern erschüttert, so wird er in den Fällen des § 271 mit Gefängnis bis zu 8 Jahren und sonst mit Gefängnis bis zu 6 Jahren bestraft.

Gefängnis nicht unter 3 Jahren tritt ein, wenn infolge des Verbrechens ein Mensch um das Leben kommt oder eine schwere Körperverletzung oder Gesundheitsbeschädigung erleidet.

§ 278. Wenn derjenige, der nach den voranstehenden Paragraphen verurteilt wird, nach diesem Kapitel oder nach Kapitel 17, 18, 24, 25 oder 27 oder nach §§ 88, 147, 204, 206 oder 318 mit Gefängnis vorbestraft ist, so kann die Strafe über das gesetzlich bestimmte Höchstmafs hinaus bis um die Hälfte erhöht werden.

In jedem Falle, wo ein Verbrechen gegen die §§ 271, 273, 275 oder 277 in der Ausübung eines Berufes oder Gewerbes begangen worden ist, kann dem Thäter das Recht, den Beruf oder das Gewerbe fortzusetzen, aberkannt werden.

§ 279. Die öffentliche Verfolgung nach §§ 270, 271, 1 und 5, 274, 275 und 276 tritt nicht ohne den Antrag des Verletzten ein, wenn das Verbrechen gegen einen Angehörigen des Thäters begangen worden ist. § 265, 3. Absatz, findet jedoch entsprechende Anwendung.

Die Verbrechen der §§ 270, 274, 275 und 276 werden in keinem Falle ohne den Antrag des Verletzten verfolgt, es sei denn, dafs der Thäter unter Mifsbrauch des Vertrauens oder der Leichtgläubigkeit des Publikums sich des Verbrechens gegen mehrere Personen schuldig gemacht hat oder dafs im übrigen allgemeine Rücksichten die Verfolgung fordern.

27. Kapitel.

Verbrechen in Schuldverhältnissen.

§ 280. Wer eine ihm gehörende Sache, an der ein andrer ein Pfand- oder sonstiges Sicherungsrecht hat, dem Berechtigten entzieht, sodafs sie ihm nicht zu gute kommt, oder wer mit einer solchen Sache Handlungen vornimmt, durch die dem Berechtigten ein Verlust zugefügt wird, ist mit Geldstrafe oder mit Gefängnis bis zu 3 Jahren zu bestrafen.

In gleicher Weise wird bestraft, wer zu einer solchen Handlung mitwirkt, oder wer zum Vorteil des Eigentümers oder mit seiner Einwilligung oder für ihn eine solche Handlung vornimmt oder dazu mitwirkt.

Die öffentliche Verfolgung tritt nur auf Antrag des Verletzten ein.

§ 281. Wer durch Verstecken, durch falsche Angaben oder durch Verschweigen einen ihm gehörenden Gegenstand dem Zwecke, zur Befriedigung eines Gläubigers zu dienen, entzieht, wird mit Geldstrafe oder mit Gefängnis bis zu 3 Jahren bestraft.

§ 280, 2. Absatz, findet entsprechende Anwendung.

Die öffentliche Verfolgung tritt nur auf Antrag eines Gläubigers ein, der infolge des Verbrechens bei einer vorgenommenen Zwangsvollstreckung, vorläufigen Zwangsvollstreckung, Beschlagnahme oder Arresthandlung keine Deckung erlangt hat.

§ 282. Wer in der Absicht, dadurch seinen Gläubigern zu schaden oder zu ihrem Schaden jemandem einen unberechtigten Gewinn zu verschaffen, durch Zerstörung, Schenkung, Verkauf unter dem Wert, Verstecken, falsche Angaben, Verschweigen oder auf andere Weisen einzelne Vermögensstücke dem Zwecke, zur Befriedigung für Schulden zu dienen, zu entziehen sucht, oder wer in solcher Absicht Verpflichtungen fälschlich aufstellt oder anerkennt, wird mit Gefängnis bis zu 6 Jahren bestraft.

§ 283. Wer in der Absicht, einzelne seiner Gläubiger zum Schaden der übrigen zu begünstigen, nichtfällige Schulden bezahlt oder dafür Sicherheit gewährt oder die Möglichkeit schafft, für solche Schulden Bezahlung oder Sicherheit zu erhalten, wird mit Gefängnis bis zu 3 Jahren bestraft.

§ 284. Wer durch verschwenderische Lebensweise, durch Spiel, durch gewagte Unternehmungen, die aufserhalb seines Geschäftsbetriebes liegen oder in Mifsverhältnis zu seinen Mitteln stehen, oder durch sonstiges in hohem Grade leichtsinniges Verhalten oder durch eine in hohem Grade unordentliche Geschäftsführung seine Vermögenslage derart verschlechtert, dafs seinen Gläubigern Verlust verursacht wird, ist mit Gefängnis bis zu 2 Jahren zu bestrafen.

§ 285. Mit Haft oder Gefängnis bis zu einem Jahre wird bestraft, wer, obwohl er einsehen mufs, dafs er nicht im stande sein wird, seine Gläubiger zu befriedigen, durch Eingehen neuer Schulden, durch Verkauf unter dem Werte, durch Befriedigung oder Sicherung einzelner Gläubiger, oder indem er sie nicht daran hindert, solche zu erlangen, bewirkt, dafs seine Vermögenslage bedeutend verschlechtert wird.

§ 286. Wer eine Rechenschaftsführung oder einen Jahresabschlufs unterläfst, zu dem er auf Grund seines Berufes oder Gewerbes gesetzlich verpflichtet ist oder wer sich in gleicher Beziehung grober Nachlässigkeit oder Unordnung schuldig macht, wird mit Haft oder mit Gefängnis bis zu einem Jahre bestraft.

§ 287. Wer in seinem Beruf oder Gewerbe unrichtige Rechenschaft führt oder durch Vernichtung oder Unbrauchbarmachen oder auf andere Weise seine Rechenschaftsbücher oder andere seine Rechenschaft betreffenden Papiere der Benutzung zu entziehen sucht, wird mit Gefängnis bis zu 3 Jahren bestraft.

§ 288. Nach §§ 282, 283 und 287 wird auch bestraft, wer zu einer der vorgesehenen Handlungen mitwirkt oder wer zum Vorteil des Schuldners oder mit seiner Einwilligung oder für ihn eine solche Handlung vornimmt oder dazu mitwirkt.

Ein Gläubiger ist jedoch in keinem Falle zu bestrafen, weil er Befriedigung verlangt oder angenommen hat.

Nach §§ 284, 285 und 286 wird auch bestraft, wer bei der Wahrnehmung der Angelegenheiten eines andern sich wie dort vorgesehen verhalten hat.

§ 289. Wegen der Verbrechen gegen §§ 282 und 283 wird keine öffentliche Anklage erhoben, wenn es nicht von einem Verletzten beantragt wird oder die Konkurseröffnung entweder erfolgt oder wegen Unzulänglichkeit der Aktiva abgelehnt ist.

Wegen der Verbrechen gegen §§ 284—287 tritt keine Verfolgung ein, wenn nicht die Konkurseröffnung entweder erfolgt oder wegen Unzulänglichkeit der Aktiva abgelehnt ist.

§ 290. Mit Geldstrafe oder mit Gefängnis bis zu 6 Monaten wird bestraft, wer als Mitglied einer Massenverwaltung sich oder einem andern einen Vorteil gewähren oder versprechen läfst, damit er in einer bestimmten Richtung stimme oder handle oder dies unterlasse.

28. Kapitel.

Sachbeschädigung und Vermögensbeschädigung.

§ 291. Wer bewirkt oder dazu mitwirkt, dafs eine Sache, die ganz oder teilweise einem andern gehört, rechtswidrig zerstört, beschädigt, unbrauchbar gemacht oder auf andere Weise verdorben wird, ist mit Geldstrafe oder mit Gefängnis bis zu einem Jahre zu bestrafen.

Die öffentliche Verfolgung tritt nicht ohne den Antrag des Verletzten ein, es sei denn, dafs allgemeine Rücksichten es erfordern.

§ 292. Mit Geldstrafe oder mit Gefängnis bis zu 3 Jahren wird bestraft, wer eine der Handlungen des § 291 an einem öffentlichen Denkmal oder an einer Sache, die der öffentlichen Post anvertraut ist, die in öffentliche Sammlungen gehört oder zum allgemeinen Nutzen oder Verschönerung öffentlicher Orte bestimmt ist, vornimmt oder wer dadurch einen Schaden von mehr als 1000 Kronen verursacht.

Mit Gefängnis bis zu 6 Jahren wird bestraft, wer durch eine der Handlungen des § 291 einen Schaden von mehr als 5000 Kronen oder Gefahr für das Leben oder die Gesundheit eines andern verursacht.

Wenn jemand infolge des Verbrechens um das Leben kommt oder eine schwere Körperverletzung oder Gesundheitsbeschädigung erleidet, oder wenn der vorsätzlich verursachte Schaden 50000 Kronen übersteigt, so kann auf Gefängnis bis zu 10 Jahren erkannt werden.

§ 293. Fahrlässige Sachbeschädigung der in dem § 292, 2. und 3. Absatz, vorgesehenen Art wird mit Geldstrafe oder mit Gefängnis bis zu 6 Monaten bestraft.

Die öffentliche Verfolgung findet nicht ohne den Antrag des Verletzten statt, es sei denn, dafs allgemeine Rücksichten es erfordern.

§ 294. Wer

1. dadurch, dafs er einen Irrtum hervorruft oder verstärkt, einen andern rechtswidrig zu einer Handlung verleitet, durch die dem Handelnden oder jemandem, für den er handelt, ein Vermögensverlust zugefügt wird, oder wer dazu mitwirkt; oder
2. wider besseres Wissen oder aus grober Fahrlässigkeit zu bewirken oder dazu mitzuwirken sucht, dafs etwas Glauben findet wodurch ein anderer dem Verlust des für seine Stellung, seinen Beruf oder sein Gewerbe erforderlichen Vertrauens ausgesetzt wird; oder
3. unberechtigt entweder selbst von einem Geschäfts- oder Betriebsgeheimnis Gebrauch macht, das den Betrieb betrifft, in dem er angestellt oder an dem er beteiligt ist, oder ein solches Geheimnis in der Absicht offenbart, einen andern in den Stand zu setzen, davon Gebrauch zu machen, oder wer durch Verleitung oder Anreizung dazu mitwirkt,

ist mit Geldstrafe oder mit Gefängnis bis zu 6 Monaten zu bestrafen.

Die öffentliche Verfolgung findet nur statt, wenn der Verletzte sie beantragt und allgemeine Rücksichten sie zu erfordern scheinen.

29. Kapitel.

Wucher und Glücksspiel.

§ 295. Wer bei einem Rechtsgeschäft die Notlage, den Leichtsinn, die Verstandesschwäche oder Unerfahrenheit eines andern dazu ausnützt, um eine Gegenleistung zu erhalten oder sich auszubedingen, die nach den vorliegenden Umständen in einem offenbaren und starken Mifsverhältnis zu der Leistung steht, oder wer dazu mitwirkt, ist wegen Wuchers mit Geldstrafe zu bestrafen.

In gleicher Weise wird bestraft, wer, nachdem er einen aus dem Rechtsgeschäft hervorgegangenen Anspruch mit Kenntnis seiner Beschaffenheit erworben hat, diesen geltend macht oder einem andern überträgt oder wer dazu mitwirkt.

Die öffentliche Verfolgung tritt nur auf Antrag des Verletzten ein.

§ 296. Der Wucher wird mit Geldstrafe oder mit Gefängnis bis zu 6 Monaten bestraft, sofern

1. das Rechtsgeschäft mit einem Unmündigen abgeschlossen ist, oder
2. das Rechtsgeschäft in einer auf die Verdeckung seines eigentlichen Wesens berechneten Form eingegangen ist, oder
3. der Thäter von dem andern Vertragschliessenden sich einen Schuldschein über seine Verpflichtung hat ausstellen oder deren Erfüllung unterm Eide oder auf Ehrenwort hat versprechen lassen, oder
4. der Thäter bereits wegen Wuchers vorbestraft ist.

§ 297. Mit Gefängnis bis zu einem Jahre wird bestraft, wer sich gewohnheitsmäfsig des Wuchers schuldig macht oder wer in einer gewerbsmäfsig betriebenen, auf Hingabe von Darlehen gerichteten Thätigkeit sich in einer nach § 296 strafbaren Weise vergeht oder wer, nachdem er bereits nach diesem Paragraphen oder § 296 vorbestraft ist, aufs neue nach einem dieser Paragraphen verurteilt wird.

Begeht der Thäter das Verbrechen in seinem Beruf oder seinem Gewerbe, so kann ihm das Recht aberkannt werden, den Beruf oder das Gewerbe fortzusetzen.

§ 298. Wer aus dem Glücksspiel oder aus der Verleitung dazu ein Gewerbe macht, wird mit Gefängnis bis zu einem Jahre bestraft.

Begeht der Thäter das Verbrechen in seinem Berufe oder Gewerbe, so kann ihm das Recht aberkannt werden, den Beruf oder das Gewerbe fortzusetzen.

An Stelle der Einziehung des erlangten Gewinns kann das Gericht dessen Zurückzahlung anordnen.

§ 299. Als Glücksspiel werden alle Spiele um Geld oder Geldeswert betrachtet, bei denen in der Art des Spieles oder in der Höhe der Einsätze der gewinnsüchtige Zweck sich als vorherrschend darstellt.

Als Glücksspiel werden unter denselben Bedingungen auch Wette und Terminspiel (Differenzhandel) angesehen.

§ 300. Wer durch Klagerhebung oder durch Drohung damit oder mit irgend welchem Verdrusse entweder von dem andern Vertragschliefsenden selbst oder von einem Dritten einen ungiltigen Anspruch beizutreiben sucht, den er dadurch erworben hat, dafs er in gewinnsüchtiger Absicht den Leichtsinn oder die Unerfahrenheit eines Unmündigen oder Minderjährigen misbraucht hat; oder wer dazu mitwirkt, wird mit Geldstrafe, und wenn er sich für den Anspruch einen Schuldschein oder eine Zusage unterm Eid oder auf Ehrenwort hat geben lassen, mit Geldstrafe oder mit Gefängnis bis zu 6 Monaten bestraft.

Die öffentliche Verfolgung tritt nur auf Antrag des Verletzten ein.

30. Kapitel.

Verbrechen, die sich auf die Seeschiffahrt beziehen.

§ 301. Wer rechtswidrig sich dem Antritt des Dienstes an Bord eines Schiffes entzieht, wird mit Geldstrafe oder mit Gefängnis bis zu 4 Monaten bestraft.

In gleicher Weise wird bestraft, wer eine Abrede über den Dienst an Bord eines Schiffes eingeht, die auf Grund älterer, bei der Abrede verheimlichter Verpflichtungen gebrochen wird.

Die öffentliche Verfolgung tritt nur auf Antrag des Verletzten ein.

Die vorstehenden Bestimmungen finden keine Anwendung auf Personen unter 18 Jahren, die ohne Einwilligung oder Ermächtigung ihres Vormundes an Bord eines Schiffes Dienste genommen haben.

§ 302. Wer in der Absicht, sich dem weiteren Dienste an Bord eines Schiffes zu entziehen, rechtswidrig das Schiff verläfst oder auf dasselbe zurückzukehren unterläfst, wird wegen Entweichung mit Gefängnis bis zu 8 Monaten bestraft. Kehrt er freiwillig auf das Schiff vor dessen Abfahrt von dem

Entweichungsort zurück, oder sind sonst mildernde Umstände vorhanden, so kann Geldstrafe angewendet werden.

Entsteht durch die Entweichung eine Gefahr für das Schiff oder für Menschenleben, so kann Gefängnis bis zu 3 Jahren verhängt werden.

Aufser dem Falle des 2. Absatzes tritt die öffentliche Verfolgung nur auf Antrag des Verletzten ein.

§ 301, letzter Absatz, findet entsprechende Anwendung.

§ 303. In gleicher Weise wie nach den §§ 301 und 302 wird bestraft, wer rechtswidrig bewirkt oder dazu mitwirkt, dafs ein anderer den Dienst an Bord eines Schiffes anzutreten unterläfst oder in der Absicht, einen solchen Dienst aufzugeben, sich vom Schiffe entfernt oder auf dasselbe zurückzukehren unterläfst.

Wer sich gewohnheitsmäfsig oder zu gewinnsüchtigem Zwecke dieses Verbrechens schuldig macht, wird mit Gefängnis bis zu 5 Jahren bestraft.

Aufser den Fällen des 2. Absatzes in diesem und im vorhergehenden Paragraphen tritt die öffentliche Verfolgung nur auf Antrag des Verletzten ein.

§ 304. Geht ein Schiffer rechtswidrig mit einem Schiffe in See, das wegen ungenügender Ausrüstung oder Bemannung oder ungebührlicher Belastung oder wegen Fehler oder Mängel an dem Schiffe selbst in einem unzweifelhaft seeuntüchtigen Zustande ist, oder trifft er Vorbereitungen, die unzweideutig die Absicht, mit einem solchen Schiffe in See zu gehen, offenbaren, so wird er mit Gefängnis bis zu 3 Jahren bestraft. Bei besonders mildernden Umständen kann Geldstrafe verhängt werden.

Ist durch das Verbrechen ein Seeschade, Verlust von Menschenleben oder eine schwere Körperverletzung oder Gesundheitsbeschädigung verursacht, so kann Gefängnis bis zu 8 Jahren angewendet werden.

In gleicher Weise wird der Rheder und der Bevollmächtigte eines Rheders bestraft, der rechtswidrig bewirkt oder dazu mitwirkt, dafs ein Schiff in seeuntüchtigem Zustande in See geht oder dafs solche Vorbereitungen, wie oben vorgesehen, dazu getroffen werden; oder der, obwohl er weifs dafs solches geschieht, pflichtwidrig es zu hindern unterläfst.

§ 305. Wer wider besseres Wissen bewirkt oder dazu mitwirkt, dafs eine öffentliche Untersuchung über die Seetüchtigkeit eines Schiffes stattfindet, wird mit Geldstrafe oder mit Gefängnis bis zu 6 Monaten bestraft.

Die öffentliche Verfolgung tritt nur auf Antrag des Verletzten ein.

§ 306. Wird bei der Abfahrt eines Schiffes vom Lande ein Mitfahrender ohne triftigen Grund oder ohne Beobachtung des vorgeschriebenen Verfahrens zurückgelassen, so wird der Schuldige mit Geldstrafe oder mit Gefängnis bis zu 4 Monaten bestraft.

Wird der Mitfahrende ohne triftigen Grund aufserhalb seines eigenen Heimatlandes zurückgelassen, so kann Gefängnis bis zu 2 Jahren verhängt werden.

Die öffentliche Verfolgung tritt im Falle des ersten Absatzes nur auf Antrag des Verletzten ein.

§ 307. Ein Schiffer, der sich weigert einem Mitfahrenden zu verabfolgen, was dieser als solcher zu erhalten berechtigt ist, oder der zuläfst, dafs ihm dies verweigert wird, ist mit Geldstrafe oder mit Gefängnis bis zu 4 Monaten zu bestrafen.

In gleicher Weise wird jeder andere Betreffende bestraft, der einer solchen Weigerung sich schuldig macht.

Die öffentliche Verfolgung tritt nur auf Antrag des Verletzten ein oder wo allgemeine Rücksichten es erfordern.

§ 308. Ein Schiffer, der

1. einen Untergebenen ohne triftigen Grund oder mit einer anderen oder höheren Strafe als gesetzlich erlaubt bestraft, oder
2. ohne Not einem Mitfahrenden die Erlaubnis verweigert, sich an einen Konsul oder eine andere zuständige Behörde zu wenden, oder
3. im übrigen einen Mitfahrenden auf eine besonders ungebührliche Weise behandelt oder es zuläfst, dafs er von andern Mitfahrenden auf solche Weise behandelt wird,

wird mit Geldstrafe oder mit Gefängnis bis zu 6 Monaten bestraft.

In gleicher Weise wird jeder andre im Dienst Vorgesetzte

bestraft, der einen Untergebenen auf eine besonders ungebührliche Weise behandelt.

Die öffentliche Verfolgung tritt nur auf Antrag des Verletzten ein oder wo allgemeine Rücksichten es erfordern.

§ 309. Beharrt ein Untergebener trotz wiederholter Befehle des Schiffers bei der Verweigerung des schuldigen Gehorsams im Schiffsdienste, so wird er mit Gefängnis bis zu 6 Monaten bestraft. Bei besonders mildernden Umständen kann Geldstrafe angewendet werden.

Die öffentliche Verfolgung tritt nur auf Antrag des Verletzten ein.

§ 310. Wenn ein Untergebener seinen Vorgesetzten im Schiffsdienste den schuldigen Gehorsam unter solchen Umständen zu erweisen unterläfst, dafs dadurch Gefahr für das Schiff oder Menschenleben entsteht, so wird er sowie ein jeder, der dazu mitwirkt, mit Gefängnis bis zu 2 Jahren bestraft.

§ 311. Unterlassen mehrere aus der Mannschaft nach gemeinsamer Abrede den schuldigen Gehorsam gegenüber dem Befehl eines Vorgesetzten im Schiffsdienste, so wird der Verleitende und der Anführer mit Gefängnis bis zu 2 Jahren und ein jeder, der im übrigen an dem Ungehorsam teilnimmt oder dazu mitwirkt, mit Gefängnis bis zu 6 Monaten bestraft. Bei besonders mildernden Umständen kann Geldstrafe verhängt werden.

Wird der Ungehorsam unter solchen Umständen erzeigt, dafs dadurch Gefahr für das Schiff oder für Menschenleben entsteht, so wird der Verleitende und der Anführer mit Gefängnis bis zu 5 Jahren und die übrigen Schuldigen mit Gefängnis bis zu 3 Jahren bestraft.

§ 312. Wenn mehrere auf einem Schiffe Mitfahrende es versuchen, gemeinschaftlich durch gewaltthätiges oder drohendes Verhalten oder durch Verweigerung des Gehorsams den Schiffer rechtswidrig der Führung des Schiffes zu berauben, oder wenn sie es versuchen, gemeinschaftlich durch gewaltthätiges oder drohendes Verhalten ihn rechtswidrig zur Vornahme oder Unterlassung einer Diensthandlung zu zwingen, so werden die Schuldigen wegen Meuterei bestraft, und zwar der

Verleitende und der Anführer mit Gefängnis von 6 Monaten bis zu 6 Jahren und die übrigen Teilnehmer mit Gefängnis von 4 Monaten bis zu 4 Jahren.

Bei besonders mildernden Umständen kann Gefängnis von kürzerer Dauer verhängt werden.

Kehrt jemand aus eigenem Antriebe oder auf Befehl seiner Vorgesetzten zum Gehorsam zurück, bevor die Absicht des Verbrechens erreicht ist, so wird er, wenn er Verleitender oder Anführer ist, mit Gefängnis bis zu 3 Jahren und sonst mit Gefängnis bis zu 6 Monaten bestraft.

§ 313. Wer in der Absicht, den Schiffer rechtswidrig der Führung des Schiffes zu berauben, bewirkt oder dazu mitwirkt, dafs mehrere Mitfahrende gemeinschaftlich sich eines gewaltthätigen oder drohenden Verhaltens schuldig machen oder den Gehorsam verweigern; oder wer in der Absicht, den Schiffer rechtswidrig zur Vornahme oder Unterlassung einer Diensthandlung zu zwingen, bewirkt oder dazu mitwirkt, dafs sie sich eines gewaltthätigen oder drohenden Verhaltens schuldig machen, wird, wenn er der Verleitende ist, mit Gefängnis bis zu 6 Jahren und sonst bis zu 4 Jahren bestraft.

§ 314. Ein Schiffer, der in Seenot oder andrer Gefahr ohne Notwendigkeit das Schiff aufgibt oder verläfst, trotzdem seine Anwesenheit noch erforderlich ist, wird mit Gefängnis bis zu einem Jahre bestraft.

Mit Gefängnis bis zu 6 Monaten wird derjenige aus der Mannschaft bestraft, der in Seenot oder andrer Gefahr das Schiff ohne die Einwilligung des Schiffers vor diesem verläfst.

§ 315. Wenn ein Schiffer, dessen Schiff mit einem andern Fahrzeug (Schiff oder Boot) zusammengestofsen ist, es unterläfst, dem Fahrzeuge oder den darauf befindlichen Personen die Hilfe zu leisten, deren es infolgedessen bedürfte und zu der er ohne besondere Gefahr für das eigene Schiff und die an Bord befindlichen Personen im stande ist, so wird er mit Gefängnis bis zu einem Jahre bestraft.

§ 316. Hat ein Schiffer, Steuermann oder Schiffsmaschinist eine unwahre Eintragung in das Tagebuch oder in eine andre Aufzeichnung, die nach Anordnung des Gesetzes von ihm oder unter seiner Aufsicht geführt wird, vorgenommen oder, vornehmen lassen, so wird er mit Gefängnis bis zu 2 Jahren bestraft. Bei besonders mildernden Umständen kann auf Geldstrafe erkannt werden.

31. Kapitel.
Hehlerei und Begünstigung.

§ 317. Wer in der Absicht, sich oder andern einen unberechtigten Gewinn zu verschaffen, einen Gegenstand, von dem er weiſs oder annehmen muſs, daſs er durch Unterschlagung, Diebstahl, Mauserei oder Raub entwendet ist, zu Eigentum, Pfand oder zum Gebrauch annimmt, verheimlicht, verwahrt, verbraucht oder zu veräuſsern oder zu verpfänden sucht oder wer dazu mitwirkt, ist der Hehlerei schuldig.

§ 318. Hehlerei wird mit Gefängnis bis zu 3 Jahren bestraft.

Ist der Gegenstand, an dem die Hehlerei begangen wurde, von geringem Wert oder eine unterschlagene Fundsache oder sind sonst besonders mildernde Umstände vorhanden, so kann die Strafe auf Geldstrafe herabgesetzt werden.

Hat der Thäter die Hehlerei gewohnheitsmäſsig betrieben, so wird Gefängnis von 6 Monaten bis zu 6 Jahren verhängt.

Ist der Thäter wegen Hehlerei oder wegen eines Verbrechens gegen Kapitel 17, 18, 24—27 oder gegen §§ 88, 147, 204 oder 206 bereits mit Gefängnis vorbestraft, so kann die Strafe bis um die Hälfte und, wenn er bereits mehrere Male in solcher Weise vorbestraft ist, bis auf das Doppelte erhöht werden.

§ 319. Die Strafe der Hehlerei findet auf denjenigen keine Anwendung, der unrechtmäſsig erworbene Sachen zum Unterhalt oder zur Verpflegung für sich oder andere von einer Person empfängt, die dafür zu sorgen verpflichtet ist.

§ 320. Wer dem Schuldigen nach der Begehung eines Verbrechens Beistand leistet, um ihm einen durch das Verbrechen beabsichtigten Vorteil zu sichern, wird mit Geldstrafe oder mit Gefängnis bis zu 2 Jahren bestraft, jedoch in keinem Falle strenger als wegen Mitwirkung zu dem Verbrechen selbst.

§ 321. Für die Verfolgung der Hehlerei und der Begünstigung gelten die gleichen Regeln, die zur Anwendung kommen würden, wenn es sich um Mitwirkung zu dem Verbrechen handelte, hinsichtlich dessen die Hehlerei oder die Begünstigung begangen ist.

32. Kapitel.

Verbrechen in Druckschriften.

§ 322. Der Herausgeber (Redakteur) einer Druckschrift verbrecherischen Inhalts ist als solcher als für diesen verantwortlich zu bestrafen — jedoch in keinem Falle mit höherer Strafe als Geldstrafe oder Gefängnis bis zu einem Jahre —

1. sofern der Verfasser unbekannt ist und nicht auf Verlangen vor Gericht angegeben wird, wenn die Untersuchung bei diesem eingeleitet ist oder sobald eine Einwendung gegen die Verfolgung durch endgiltige Entscheidung verworfen ist; oder
2. sofern der Verfasser nicht bestraft wird und der Herausgeber bei der Herausgabe Umstände kannte, die es wahrscheinlich machten, dafs der Verfasser nicht bestraft werden könnte oder dafs er sich der Strafe zu entziehen gedächte; oder
3. sofern er bei der Herausgabe wufste, dafs der Verfasser unter 18 Jahren war oder dafs ihm die im § 29, 2, erwähnten Rechte durch Urteil aberkannt waren.

§ 323. Was in § 322 über den Herausgeber bestimmt ist, findet entsprechende Anwendung: auf den Verleger, sofern einer der Umstände in Nr. 1—3 dieses Paragraphen sowohl hinsichtlich des Herausgebers wie des Verfassers vorliegt; und auf den Drucker, sofern sie auch hinsichtlich des Verlegers vorliegen.

§ 324. Eine Druckschrift verbrecherischen Inhalts kann durch Urteil eingezogen werden ohne Rücksicht darauf, ob jemand wegen derselben zu Strafe verurteilt wird, oder ob sogar der Verfasser auf Grund seines guten Glaubens (§ 249) oder andrer strafausschliefsender Umstände überhaupt nicht bestraft werden kann.

Das Urteil soll die Teile der Schrift bezeichnen, die die Einziehung begründen. Bei der Vollstreckung des Urteils sind die übrigen Teile auf Verlangen des Interessenten und auf seine Kosten wenn möglich auszusondern und zurückzuliefern.

Die Einziehung kann auch die zum Druck angefertigten Platten und Formen umfassen; der zum Druck benutzte Satz ist auf Verlangen des Interessenten und auf seine Kosten an Stelle der Einziehung auseinanderzunehmen.

Die vorstehenden Bestimmungen sind auf Exemplare nicht anwendbar, welche dem Publikum nicht zugänglich sind und die sich in den Händen von Personen befinden, die ihre weitere Verbreitung nicht beabsichtigen.

Dritter Teil.

Übertretungen.

33. Kapitel.

Übertretungen gegen die Staatsgewalt.

§ 325. Wer

1. einen Beamten an der rechtmäfsigen Ausübung seines Amtes hindert oder zu hindern sucht, oder sich weigert, ihm den Zutritt zu einem Orte zu gestatten, an dem er dazu berechtigt ist; oder
2. ihn in der Ausübung seines Amtes durch Schimpfworte oder sonstiges verletzendes Verhalten verunglimpft,

oder wer dazu mitwirkt, wird mit Geldstrafe oder mit Gefängnis bis zu 6 Monaten bestraft.

Für die Frage, wer als Beamter anzusehen ist, gilt das in § 127 Bestimmte.

§ 326. Wer, obwohl es ohne besondere Gefahr oder Aufopferung geschehen konnte, trotz Aufforderung einem Beamten beizustehen unterläfst, wenn die Hilfe zur Abwendung eines Verbrechens oder Unglücksfalles nötig ist, oder wer einen andern davon abhält, einen solchen Beistand zu leisten, wird mit Geldstrafe oder mit Haft oder Gefängnis bis zu 4 Monaten bestraft.

Mit Geldstrafe wird bestraft, wer sonst unberechtigt einem Beamten seinen Beistand verweigert.

§ 327. Wer

1. unbefugt die für einen Beamten vorgeschriebene Kleidung oder andere Abzeichen eines öffentlichen Dienstverhältnisses oder Kleidung oder Abzeichen, die mit jenen leicht verwechselt werden können, öffentlich trägt oder von Personen in seinen Diensten tragen läfst; oder
2. öffentlich oder zu rechtswidrigem Zwecke sich für den Inhaber eines öffentlichen Amtes ausgibt oder dazu mitwirkt; oder
3. eine Handlung vornimmt, die nur kraft einer Beamtenstellung vorgenommen werden kann, die er nicht innehat,

wird mit Geldstrafe oder mit Gefängnis bis zu 3 Monaten bestraft.

Wer sonst unbefugt ein für die Inhaber besonderer Stellungen von der Behörde vorgeschriebenes oder genehmigtes Abzeichen oder ein jenem so ähnliches Abzeichen, dafs leicht eine Verwechslung entsteht, öffentlich trägt oder von Personen in seinen Diensten tragen läfst, wird mit Geldstrafe bestraft.

§ 328. Wer öffentlich oder zu rechtswidrigem Zwecke in- oder ausländische Titel oder Ehrenzeichen, die ihm nicht zukommen, sich anmafst oder trägt, wird mit Geldstrafe bestraft.

§ 329. Mit Geldstrafe oder mit Gefängnis bis zu 3 Monaten wird bestraft, wer bei Ansammlung einer gröfseren Anzahl Personen auf öffentlichen Wegen oder Plätzen oder an anderen Orten, wo sie ohne Berechtigung Aufenthalt genommen haben, noch zur Stelle bleibt oder dazu mitwirkt, dafs ein andrer noch zur Stelle bleibt, nachdem das Gebot, auseinanderzugehen und sich ruhig fortzubegeben, wiederholentlich von der Obrigkeit verkündet worden ist.

In gleicher Weise wird bestraft, wer die Vorschriften übertritt, die von der Obrigkeit erlassen sind, um bei einem Gedränge oder bei Ansammlungen einer gröfseren Menschenmenge Gefahren vorzubeugen oder die Ordnung aufrechtzuerhalten.

§ 330. Wer einen Verein stiftet oder an einem Verein teilnimmt, der durch das Gesetz verboten ist, oder dessen Ziel die Verübung strafbarer Handlungen oder die Aufmunterung dazu ist, oder dessen Mitglieder sich zu unbedingtem Gehorsam gegen jemanden verpflichten, wird mit Geldstrafe oder mit Haft oder Gefängnis bis zu 3 Monaten bestraft.

Ist das Ziel des Vereins, Verbrechen zu begehen oder dazu aufzumuntern, so kann Gefängnis bis zu 6 Monaten verhängt werden.

§ 331. Wer ohne die gehörige Ermächtigung Festungswerke abbildet oder beschreibt oder solche Abbildungen oder Beschreibungen veröffentlicht oder vervielfältigt oder dazu mitwirkt, wird mit Geldstrafe oder mit Haft oder Gefängnis bis zu 3 Monaten bestraft.

§ 332. Wer ein Gewerbe, zu dem öffentliche Ermächtigung oder Erlaubnis erforderlich ist, ohne solche betreibt oder die Grenzen der ihm gegebenen Ermächtigung oder Erlaubnis überschreitet oder ein Gewerbe, zu dem ihm das Recht durch endgiltiges Urteil aberkannt ist, noch weiter fortsetzt, wird mit Geldstrafe oder mit Gefängnis bis zu 3 Monaten bestraft.

In gleicher Weise wird bestraft, wer bei dem Betriebe eines Gewerbes fälschlich angibt, dafs er die öffentliche Ermächtigung dazu habe, oder sich eine Benennung beilegt, die gewohnheitsmäfsig nur auf denjenigen angewendet wird, der eine öffentliche Ermächtigung hat.

Mit Geldstrafe wird bestraft, wer ohne Erlaubnis der Obrigkeit öffentliche Vorstellungen oder dergleichen abhält, wenn solche Erlaubnis erforderlich ist.

§ 333. Wer vor der Obrigkeit, einem Polizei- oder Zustellungsbeamten sich weigert, seinen Namen, Beruf oder Wohnort anzugeben, wenn die Auskunft darüber aus dienstlicher Veranlassung gefordert wird, oder wer in einem solchen Falle seinen eigenen Namen, Beruf oder Wohnort oder den eines andern falsch angibt oder zu einer solchen Weigerung oder falschen Angabe mitwirkt, wird mit Geldstrafe oder mit Gefängnis bis zu 3 Monaten bestraft.

§ 334. Wer trotz einer Anordnung der Obrigkeit es unterläfst, ein Verzeichnis mit fortlaufender Seitenzahl über die Personen zu führen, die er gewerbsmäfsig in Nachtquartier aufnimmt, oder wer es unterläfst, in das Verzeichnis eine solche Person nach Namen, Beruf und Wohnort, Tag der

Ankunft und Abreise einzutragen oder das Verzeichnis auf Verlangen der Obrigkeit vorzulegen, wird mit Geldstrafe bestraft.

In gleicher Weise wird bestraft, wer dazu mitwirkt, dafs in Beziehung auf ihn entweder keine oder eine unrichtige Eintragung geschieht.

§ 335. Wer gewerbsmäfsig Dienstsuchenden bei der Beschaffung von Dienststellen oder Auswanderern bei der Beschaffung von Beförderungsgelegenheit nach dem Ausland Beistand leistet, ist, wenn er es unterläfst, nach Mafsgabe näherer durch den König erlassener Regeln ein Verzeichnis der von ihm auf solche Weise unterstützten Personen zu führen, oder wenn er sich der Obrigkeit gegenüber weigert, das Verzeichnis vorzulegen, mit Geldstrafe zu bestrafen.

§ 336. Ein Pfandleiher oder Leiter eines Pfandleihgeschäftes, der trotz der Anordnung der Obrigkeit

1. es unterläfst, ein von der Polizei autorisiertes Verzeichnis über die verpfändeten Gegenstände unter Angabe des vollständigen Namens, Berufes und Wohnortes des Verpfänders, der Höhe und Fälligkeit des Darlehens und der Zinsen zu führen, oder
2. sich rechtswidrig weigert, eine bei ihm vorgefundene Sache auszuliefern, im Falle kein Grund vorliegt, zu bezweifeln, dafs sie jemandem durch eine strafbare Handlung entwendet worden ist,

wird mit Geldstrafe bestraft.

Wenn der Pfandleiher oder der Gehilfe eines solchen eine unrichtige Eintragung vornimmt, oder das Verzeichnis oder eine verpfändete Sache verheimlicht oder der Polizei vorzulegen sich weigert, oder eine unrichtige oder unvollständige Auskunft darüber erteilt oder dazu mitwirkt, so tritt Geldstrafe oder Gefängnis bis zu 6 Monaten ein.

Die vorstehenden Bestimmungen finden entsprechende Anwendung auf denjenigen, der den Kauf auf Wiederkauf oder den Kauf gebrauchter Sachen als Gewerbe betreibt.

Im Rückfalle, oder wenn der Thäter nach Absatz 2 dieses Paragraphen verurteilt wird, kann ihm das Recht aberkannt werden, das Gewerbe fortzusetzen.

§ 337. Mit Geldstrafe wird bestraft, wer unrechtmäfsig für sich oder seine Kinder Namen oder Schreibweise des Namens ändert oder einen Namen annimmt.

§ 338. Wer unter Vernachlässigung der geltenden Bestimmungen über Aufgebot, Dispensation oder andre im Gesetz bestimmte Bedingungen eine Ehe schliefst oder wer dazu mitwirkt, wird mit Geldstrafe bestraft.

§ 339. Wer

1. es unterläfst, eine gesetzlich gebotene Anzeige an eine öffentliche Behörde zu erstatten; oder
2. eine von einer öffentlichen Behörde kraft des Gesetzes und unter Strafandrohung erlassene Vorschrift übertritt,

wird mit Geldstrafe bestraft.

§ 340. Wer, nachdem er ein verschwundenes oder verlassenes Kind gefunden oder ein verirrtes Kind zu sich genommen hat, es unterläfst, hiervon so schnell als möglich eine Anzeige entweder an die Vorgesetzten des Kindes oder an die Polizei zu erstatten, oder wer dazu mitwirkt, wird mit Geldstrafe oder mit Gefängnis bis zu 3 Monaten bestraft.

§ 341. Wer die über Begräbnisse oder sonst über die Behandlung von Leichen geltenden Vorschriften übertritt, wird mit Geldstrafe bestraft.

Wer rechtswidrig oder heimlich entweder den Leichnam eines Verstorbenen oder eines totgeborenen Kindes vernichtet oder ihn bei Seite bringt, sodafs er einer rechtzeitigen Untersuchung entzogen wird; oder wer sich weigert, der Obrigkeit anzugeben, wo ein Kind oder eine andre hilflose Person, die er in seiner Hut gehabt hat, geblieben ist, oder wer dazu mitwirkt, wird mit Geldstrafe oder mit Gefängnis bis zu 6 Monaten bestraft.

Als totgeboren ist eine Leibesfrucht anzusehen, die so entwickelt ist, dafs sie selbständig hätte fortleben können, wenn sie lebendig geboren wäre.

§ 342. Wer, nachdem er aus dem Reiche ausgewiesen worden war, sich ohne Erlaubnis wieder dahin zurückbegibt, wird mit Gefängnis bis zu 6 Monaten und, wenn er bereits wegen dieser Übertretung vorbestraft ist, bis zu 2 Jahren bestraft.

In gleicher Weise wird bestraft, wer durch Urteil nach bestimmten Teilen des Reiches verwiesen oder aus bestimmten Teilen ausgewiesen war und sich rechtswidrig an einen Ort begibt, wo ihm der Aufenthalt verboten ist.

Mit Geldstrafe oder mit Gefängnis bis zu 6 Monaten wird bestraft, wer durch Verleitung oder Aufreizung zu den vorstehenden Handlungen mitwirkt.

§ 343. Mit Geldstrafe oder mit Gefängnis bis zu vier Monaten wird bestraft, wer Sachen, an denen eine Zwangsvollstreckung oder vorläufige Zwangsvollstreckung, eine Zurückhaltung, Arrestlegung oder Beschlagnahme stattgefunden hat, unrechtmäfsig vernichtet, beschädigt, verheimlicht, fortnimmt oder veräufsert, oder wer gegen eine in den gesetzlichen Formen erlassene verbietende Verfügung handelt oder ein von einer öffentlichen Behörde angebrachtes Siegel erbricht oder beschädigt, oder wer dazu mitwirkt.

Die öffentliche Verfolgung tritt nur auf Antrag des Verletzten ein.

§ 344. Mit Geldstrafe oder mit Gefängnis bis zu drei Monaten wird bestraft, wer, nachdem er mit gerichtlicher Hilfe aus dem Besitze eines Grundstückes oder Schiffes gesetzt ist, sich weigert, dasselbe zu verlassen oder sich wieder in den Besitz desselben setzt, oder wer ein Recht noch weiter ausübt, das ihm durch endgiltiges Urteil aberkannt worden ist.

Die öffentliche Verfolgung tritt nur auf Antrag des Verletzten ein.

§ 345. Wer bewirkt oder dazu mitwirkt, dafs angeschlagene oder ausgelegte öffentliche Bekanntmachungen unrechtmäfsig vernichtet, weggenommen, unleserlich gemacht oder besudelt werden, wird mit Geldstrafe oder mit Gefängnis bis zu 4, und im Rückfall bis zu 8 Monaten bestraft.

§ 346. Wer sich unrechtmäfsig mit einer in einem Gefängnis, einer Zwangsarbeits-, Erziehungs-, Irren- oder andern öffentlich genehmigten Anstalt untergebrachten Person in Verbindung setzt oder ihr Sachen irgendwelcher Art verschafft, oder wer dazu mitwirkt, wird mit Geldstrafe bestraft.

Mit Geldstrafe oder mit Gefängnis bis zu 3 Monaten wird

bestraft, wer bewirkt oder dazu mitwirkt, dafs eine in einer öffentlich genehmigten Anstalt untergebrachte Person aus derselben entweicht.

34. Kapitel.

Übertretungen wider allgemeine Ordnung und allgemeinen Frieden.

§ 347. Wer die über die Sonntagsruhe geltenden Bestimmungen übertritt, wird mit Geldstrafe bestraft.

§ 348. Wer durch unbegründeten Hilferuf, durch Mifsbrauch der Notsignale und dergleichen unter einer gröfseren Anzahl von Personen einen Schrecken hervorruft oder ein Gedränge oder das Ausrücken der Polizei, der Feuerwehr oder der bewaffneten Macht verursacht, oder wer dazu mitwirkt, wird mit Geldstrafe oder mit Gefängnis bis zu 3 Monaten bestraft.

In gleicher Weise wird bestraft, wer ein falsches Gerücht wider besseres Wissen oder ohne vernünftigen Grund, es für wahr zu halten, öffentlich verbreitet oder wer zu der öffentlichen Verbreitung mitwirkt, wenn das Gerücht geeignet ist, allgemeine Erbitterung oder allgemeinen Schrecken oder Gefahr für den öffentlichen Frieden und die allgemeine Ordnung hervorzurufen.

§ 349. Wer durch Schlägerei, Schreien, verletzendes Auftreten oder anderes ungebührliches Verhalten den öffentlichen Frieden und die allgemeine Ordnung oder den rechtmäfsigen Verkehr stört, oder wer dazu mitwirkt, wird mit Geldstrafe oder mit Gefängnis bis zu 2 Monaten bestraft.

In gleicher Weise wird bestraft, wer durch Schreien, Lärm oder auf andre Weise ohne billigen Grund die Nachtruhe seiner Umgebung stört oder durch ein solches Verhalten an Orten, wo er ohne Berechtigung und trotz Aufforderung, sich zu entfernen, verweilt, in der Umgebung Schrecken oder Störung verursacht, oder wer dazu mitwirkt.

Die öffentliche Verfolgung tritt im Falle des zweiten Absatzes nur auf Antrag eines Verletzten ein.

§ 350. Wer

1. durch unvorsichtiges Fahren, Reiten, Fahren mit norwegischen Rutschschlitten oder Segeln, oder

2. durch unvorsichtiges Hinstellen von Gegenständen, oder
3. durch Werfen mit Steinen, Legen von Fufsangeln oder Anbringen von Fallen, oder
4. durch Versäumung, in hinlänglicher Weise Brunnen, ausgegrabene oder ausgesprengte Stellen zu umzäunen oder zu bedecken, oder
5. durch Versäumung, Gebäude, Wegekörper, Brücken oder Geländer in Stand zu halten, oder
6. durch Unterlassen angeordneter Sicherheitsmafsregeln, oder
7. durch Unterlassung der Ausbesserung oder Anzeige von Schaden, den er selbst verursacht hat,

oder durch sonstiges ähnliches Verhalten den Verkehr an öffentlichen Orten gefährdet, oder dazu mitwirkt, wird mit Geldstrafe oder mit Gefängnis bis zu 3 Monaten bestraft.

Mit Geldstrafe wird bestraft, wer auf die vorerwähnte Weise den Verkehr an Orten gefährdet, die den rechtmäfsigen Zugang zu Höfen, Häusern oder Wohnungen bilden, oder den Verkehr in Hofräumen oder Gärten oder ähnlichen Orten, zu denen mehr als eine Familie allgemeinen Zutritt hat.

§ 351. Wer bei der Anfertigung, dem Gebrauch, der Aufbewahrung oder Behandlung von Sprengstoffen, Schufswaffen, Maschinen, Dampfkesseln, elektrischen Leitungen oder ähnlichen Gegenständen sich eine Unvorsichtigkeit zu Schulden kommen läfst, die geeignet ist, das Leben oder die Gesundheit andrer zu gefährden, oder wer dazu mitwirkt, wird mit Geldstrafe oder mit Gefängnis bis zu 3 Monaten bestraft.

In gleicher Weise wird bestraft, wer durch unvorsichtiges Umgehen mit dem Feuer oder feuergefährlichen Stoffen die Gefahr einer Feuersbrunst hervorruft, oder wer dazu mitwirkt, oder wer den zur Verhütung einer Feuersbrunst oder einer Explosion oder dergl. durch das Gesetz oder kraft des Gesetzes erlassenen Vorschriften zuwiderhandelt.

§ 352. Wer sich an einen Ort begibt, dessen Betreten von der Obrigkeit wegen der damit verbundenen Gefahr verboten ist, oder wer dazu mitwirkt, wird mit Geldstrafe bestraft.

§ 353. Wer durch Versäumnis seiner Pflicht, einen Geisteskranken zu bewachen, eine Gefahr verursacht, oder der Polizei anzuzeigen unterläfst, dafs ein Geisteskranker, dessen Verpflegung oder Überwachung ihm obliegt, entwichen ist, wird mit Geldstrafe oder mit Gefängnis bis zu 3 Monaten bestraft.

§ 354. Wer dadurch eine Gefahr hervorruft, dafs er

1. rechtswidrig Tiere hetzt, neckt oder scheu macht, oder dazu mitwirkt; oder
2. gesetzwidrig gefährliche Tiere hält oder nicht in passender Weise für die Unschädlichmachung gefährlicher Tiere, die er in seinem Besitze hat, sorgt; oder
3. es unterläfst, wenn ein gefährliches Tier ausgebrochen ist, dies der Polizei anzuzeigen oder im übrigen zu thun, was in seiner Macht steht, um einem Unglück vorzubeugen,

wird mit Geldstrafe oder mit Gefängnis bis zu 4 Monaten bestraft.

§ 355. Wer unberechtigt in Häuser, Schiffe, Eisenbahnwagen oder andre abgeschlossene Orte entweder sich einschleicht oder gegen Verbot eindringt oder trotz Aufforderung, sich zu entfernen, unberechtigt weiter an einem solchen Orte verweilt, oder wer dazu mitwirkt, wird mit Geldstrafe oder mit Gefängnis bis zu 3 Monaten bestraft.

Wer unberechtigt an einem im Besitz eines andern befindlichen Orte Aufenthalt nimmt und trotz Aufforderung, sich zu entfernen, daselbst verbleibt, wird mit Geldstrafe bestraft.

Die öffentliche Verfolgung tritt nur auf Antrag des Verletzten ein.

§ 356. Mit Geldstrafe wird bestraft, wer ohne Verlangen eines dazu Berechtigten einen Schlüssel zu einem fremden Schlosse anfertigt oder veräufsert oder einen Dietrich für jemanden anfertigt oder an jemanden überläfst, der keinen rechtmäfsigen Gebrauch dafür hat, oder wer dazu mitwirkt.

Hat er in der Vermutung gehandelt, dafs eine strafbare Handlung beabsichtigt werde, so kann Gefängnis bis zu 6 Monaten verhängt werden.

35. Kapitel.

Übertretungen, die sich auf die allgemeine Gesundheit beziehen.

§ 357. Wer den im Inlande durch das Gesetz oder kraft des Gesetzes gegebenen Vorschriften zuwiderhandelt, die die Verhütung oder Bekämpfung ansteckender Krankheiten oder den Schutz der allgemeinen Gesundheit bezwecken, wird mit Geldstrafe oder mit Gefängnis bis zu 3 Monaten bestraft.

§ 358. Mit Geldstrafe oder mit Gefängnis bis zu 6 Monaten wird bestraft, wer ohne auf die Ansteckungsgefahr aufmerksam zu machen:

1. ein Kind in Pflege gibt, von dem er weifs oder vermutet, dafs es an einer ansteckenden syphilitischen Krankheit leidet, oder jemanden zur Pflege eines solchen Kindes annimmt, oder
2. trotz der Kenntnis oder der Vermutung, dafs er an einer ansteckenden syphilitischen Krankheit leidet, in dem Hausstande eines andern Dienste nimmt oder in solchem Dienste verbleibt oder ein fremdes Kind in Pflege nimmt,

oder wer dazu mitwirkt.

In gleicher Weise wird bestraft, wer jemanden zur Pflege eines Kindes annimmt oder beibehält, von dem er weifs oder vermutet, dafs er an einer ansteckenden syphilitischen Krankheit leidet, oder wer dazu mitwirkt.

§ 359. Wer vorsätzlich oder aus Fahrlässigkeit feilhält

1. solche Gegenstände als Nahrungs- oder Genufsmittel, die in dieser Verwendung nach ihrer Beschaffenheit der Gesundheit schaden, oder
2. Nahrungs- oder Genufsmittel, deren Verbrauch infolge Verfälschung, Unreife, Verdorbenheit, schlechter Zubereitung oder Aufbewahrungsweise oder dergleichen für die Gesundheit schädlich ist, oder
3. Bekleidungsgegenstände, Zeuge, Tapeten, Spielzeug, zur Zubereitung oder Aufbewahrung von Nahrungsmitteln bestimmte Haus- oder Küchengeräte, oder ähnliche Gegenstände, sofern sie Stoffe enthalten, die sie für die Gesundheit schädlich machen,

wird mit Geldstrafe oder mit Gefängnis bis zu 4 Monaten bestraft.

In gleicher Weise wird bestraft, wer gewerbsmäfsig solche Gegenstände anfertigt oder produziert.

§ 360. Wer vorsätzlich oder aus Fahrlässigkeit Arzneimittel feilhält oder veräufsert, die wegen ihrer schlechten Bestandteile, wegen unrichtiger Bereitung oder aus ähnlichen Gründen für die Gesundheit schädlich sind oder nicht in gebührendem Grade die solchen Arzneimitteln eigentümlichen Eigenschaften besitzen, wird mit Geldstrafe oder mit Gefängnis bis zu 4 Monaten bestraft.

§ 361. Wer den über Bereitung, Verkauf oder Aufbewahrung von Arzneimitteln oder Giften oder andern gesundheitsgefährlichen Stoffen im Inlande erlassenen Vorschriften zuwiderhandelt, wird mit Geldstrafe bestraft.

§ 362. Mit Geldstrafe wird bestraft, wer vorsätzlich oder aus Fahrlässigkeit:

1. als echt oder unverfälscht Nahrungs- oder Genufsmittel feil hält, die nachgemacht oder durch Wegnahme hinzugehöriger oder Zusatz fremder Stoffe in ihrem Wert verringert sind; oder
2. derartige Nahrungs- oder Genufsmittel oder zu ihrer Zubereitung bestimmte Stoffe in der Absicht anfertigt, sie als echt oder unverfälscht feilzuhalten oder feilhalten zu lassen.

§ 363. Wer künstlich zubereitete Nahrungs- oder Genufsmittel unter Namen oder Bezeichnungen feilhält, die im Handel und Wandel nur den natürlichen beigelegt werden, oder natürliche Nahrungs- oder Genufsmittel unter Namen oder Bezeichnungen, die im Handel und Wandel andern Arten beigelegt werden, wird mit Geldstrafe bestraft.

§ 364. Wer ein Mittel oder Verfahren anwendet, wodurch ein andrer in hypnotischen Zustand versetzt wird, ist mit Geldstrafe oder mit Gefängnis bis zu 3 Monaten zu bestrafen.

Diese Bestimmung schliefst nicht aus, dafs der König, oder eine von ihm ermächtigte Person die Versetzung in solchen Zustand zu wissenschaftlichen Zwecken oder bei Krankenbehandlung erlauben kann.

§ 365. Wer den Vorschriften zuwiderhandelt, die im Inland zum Schutz der Gesundheit oder Sicherheit in Fabriken, Gruben, auf Eisenbahnen oder Schiffen, in Theatern, bei akrobatischen Übungen oder dergleichen, in Gasthöfen oder ähnlichen Versammlungsorten in gesetzlicher Weise erlassen sind, wird mit Geldstrafe oder mit Gefängnis bis zu 3 Monaten bestraft.

§ 366. Gegenstände der in §§ 359 und 360 erwähnten Art können nach den Vorschriften des § 35 eingezogen werden.

36. Kapitel.

Übertretungen gegen die öffentliche Treue.

§ 367. Wer im In- oder Auslande gangbares Geld oder Urkunden der im § 178 erwähnten Art oder Gerätschaften oder andere Gegenstände, die ersichtlich zu deren Anfertigung bestimmt sind, nachmacht oder ohne die gehörige Ermächtigung anfertigt, oder wer dazu mitwirkt, wird mit Geldstrafe oder mit Gefängnis bis zu 4 Monaten bestraft.

§ 368. Wer ohne gehörige Ermächtigung in- oder ausländische öffentliche Siegel, Stempel oder Marken, Stempelpapier, Stempelmarken oder Postfreimarken oder dergleichen anfertigt, oder wer dazu mitwirkt, wird mit Geldstrafe oder mit Gefängnis bis zu 3 Monaten bestraft.

§ 369. Wer Gegenstände unter dem Publikum verbreitet, die irgend einer Art in- oder ausländischer Münzen oder Scheine, Stempelmarken, Postfreimarken oder Urkunden der im § 178 erwähnten Art so ähnlich sind, dafs leicht eine Verwechselung entstehen kann, oder wer dazu mitwirkt, wird mit Geldstrafe bestraft.

§ 370. Wer an Gegenständen, die zum Feilhalten bestimmt sind, oder an ihrer Verpackung unberechtigt den Namen oder die Firma, die Grundstücksbezeichnung oder das in Norwegen registrierte Warenzeichen eines andern anbringt, oder wer Gegenstände unter solcher unrichtigen Bezeichnung feilhält, wird mit Geldstrafe oder mit Gefängnis bis zu 4 Monaten bestraft. Bei erschwerenden Umständen, namentlich wenn der unrichtig bezeichnete Gegenstand von erheblich geringerer Beschaffenheit ist, kann Gefängnis bis zu 8 Monaten verhängt werden.

Die vorstehenden Bestimmungen finden auch auf denjenigen Anwendung, der unbefugt einen Namen, eine Firma oder ein Warenzeichen anbringt, die leicht mit denen eines andern verwechselt werden können.

Wer über die Zusammensetzung, die Preisauszeichnungen oder die Patente feilgehaltener Gegenstände falsche Angaben oder wer Bezeichnungen, die geeignet sind in dieser Beziehung hinter das Licht zu führen, veröffentlicht, wird mit Geldstrafe bestraft.

§ 371. Wer in rechtswidriger Absicht eine nachgemachte oder abgeänderte schriftliche oder gedruckte Erklärung, die sich als unmittelbar von einer bestimmten Person herrührend darstellt, verbreitet oder in anderer Weise als echt oder unverändert benutzt, oder wer dazu mitwirkt, wird mit Geldstrafe oder mit Gefängnis bis zu 6 Monaten bestraft.

Die öffentliche Verfolgung tritt nur auf Antrag des Verletzten ein, oder wenn allgemeine Rücksichten es zu erheischen scheinen.

§ 372. Wer, um andre über Umstände hinters Licht zu führen, die für Rechtsverhältnisse oder für die Vornahme von Rechtsgeschäften von Bedeutung sind, ein schriftliches Zeugnis ausstellt, das eine Unwahrheit enthält, wird mit Geldstrafe oder mit Gefängnis bis zu 3 Monaten bestraft.

Mit Geldstrafe oder mit Gefängnis bis zu 6 Monaten wird bestraft, wer in der Absicht, jemandem einen Vorteil zu verschaffen oder einem andern zu schaden, sich oder einen andern lügnerisch für die in einem Zeugnis erwähnte Person ausgibt, oder wer ein Zeugnis in anderer Weise rechtswidrig benutzt, oder wer dazu mitwirkt.

§ 373. Wer bei einer Massenverwaltung, einer Aktiengesellschaft oder einem ähnlichen Unternehmen, das von mehreren gemeinschaftlich verwaltet wird:

1. für sich oder einen andern einen besondern Vorteil sich gewähren oder versprechen läſst, damit er in einer bestimmten Weise stimme,
2. sich die Möglichkeit erschleicht, unberechtigt an einer Abstimmung teilzunehmen oder mehr Stimmen abzugeben, als ihm zukommen, oder dazu mitwirkt, oder
3. bewirkt oder dazu mitwirkt, daſs das Ergebnis einer Abstimmung verfälscht wird,

wird mit Geldstrafe oder mit Gefängnis bis zu 3 Monaten bestraft.

§ 374. Wer in den vom Gesetz gebotenen Fällen eine Buchführung oder Aufzeichnung unterläfst, oder sich in Beziehung auf diese grober Versäumnis oder Unordnung schuldig macht, wird mit Geldstrafe bestraft.

Wer in einem Gewerbe unrichtige Bücher oder Rechnungen führt oder führen läfst, wird mit Geldstrafe oder mit Gefängnis bis zu 6 Monaten bestraft.

§ 375. Wer sich gesetzwidrige Stempelung von Gold-, Silber- oder anderen Metallarbeiten zu Schulden kommen läfst, sowie wer gesetzwidrig gestempelte Metallarbeiten feilhält, wird mit Geldstrafe oder mit Gefängnis bis zu 6 Monaten bestraft.

37. Kapitel.

Übertretungen wider die Sittlichkeit.

§ 376. Wer an öffentlichen Orten durch mündliche oder schriftliche Äufserungen, durch Vorweisungen, Abbildungen, anstöfsige Entblöfsungen oder sonstiges anstöfsiges Verhalten den Anstand verletzt, oder wer zu einer solchen Verletzung mitwirkt, wird mit Geldstrafe oder Gefängnis bis zu 3 Monaten bestraft.

§ 377. Wer öffentlich Gegenstände ausstellt oder vorzeigt, deren öffentliche Ausstellung oder Vorweisung wegen ihrer Bestimmung für den Anstand anstöfsig ist, wird mit Geldstrafe oder mit Gefängnis bis zu 3 Monaten bestraft.

In gleicher Weise wird bestraft, wer durch öffentliche Bekanntmachung solche Gegenstände dem Publikum anbietet.

§ 378. Wer durch Worte, Zeichen oder unanständiges Benehmen an öffentlichen Orten oder auf eine Weise, die geeignet ist, öffentliches Ärgernis zu erwecken, unzweideutig zur Unzucht auffordert oder sich erbietet, oder wer durch öffentliche Bekanntmachung eine unzüchtige Verbindung einzuleiten sucht, oder wer dazu mitwirkt, wird mit Gefängnis bis zu 3, und im Rückfalle bis zu 6 Monaten bestraft.

Bei mildernden Umständen kann Geldstrafe verhängt werden.

§ 379. Wer trotz einer Warnung der Anklagebehörde ein öffentliches Ärgernis erweckendes Zusammenleben in unzüchtigem Verkehr mit einer Person des andern Geschlechts fortsetzt, wird mit Geldstrafe oder mit Gefängnis bis zu 3 Monaten bestraft.

§ 214 findet entsprechende Anwendung.

§ 380. Wer durch Mifsbrauch einer Gewalt oder durch Vernachlässigung pflichtmäfsiger Fürsorge eine untergeordnete oder seinem Hausstand angehörige Person Verhältnissen aussetzt, die augenscheinlich ihre Sittlichkeit oder Rechtschaffenheit gefährden, wird mit Geldstrafe oder mit Gefängnis bis zu 3 Monaten bestraft.

§ 381. Wer ein Kind unter 16 Jahren als Kellner oder als ähnlichen Gehilfen an Orten benutzt, wo geistige Getränke ausgeschenkt werden, oder ohne eine besondre Erlaubnis der Obrigkeit zum Auftreten bei öffentlichen Vorstellungen oder Vorzeigungen verwendet, oder andern ein Kind zu diesem Zweck überläfst, wird mit Geldstrafe oder mit Gefängnis bis zu 3 Monaten bestraft.

In gleicher Weise wird bestraft, wer während einer öffentlichen Vorstellung, oder um auf eine solche vorzubereiten, mit einem Kinde unter 16 Jahren gefährliche oder unnatürliche Leibesübungen vornimmt oder vornehmen läfst, oder andern ein Kind dazu überläfst.

§ 382. Wer durch Verwahrlosung, Überanstrengung oder in anderer Weise sich grober oder boshafter Mifshandlungen von Tieren schuldig macht oder wer dazu mitwirkt, wird mit Geldstrafe oder mit Gefängnis bis zu 3 Monaten bestraft.

Diese Bestimmung schliefst nicht aus, dafs der König oder eine von ihm ermächtigte Person bestimmten Personen an dazu bestimmten Orten zu wissenschaftlichen Zwecken die Anstellung schmerzhafter Versuche an Tieren erlauben kann.

§ 383. Wer an öffentlichen Orten ein Glücksspiel hält oder dazu eine Räumlichkeit hergibt, wird mit Geldstrafe oder mit Gefängnis bis zu 3 Monaten bestraft.

Wer an solchen Orten an einem Glücksspiel teilnimmt, wird mit Geldstrafe bestraft.

Wenn der Schuldige die Übertretung in seinem Gewerbe verübt, kann ihm das Recht, dasselbe fortzusetzen, aberkannt werden.

§ 34 findet entsprechende Anwendung.

An Stelle der Einziehung des erlangten Gewinns kann das Gericht dessen Zurückzahlung anordnen.

Als ein öffentlicher Ort werden auch die Räumlichkeiten geschlossener Gesellschaften betrachtet, wenn entweder das Glücksspiel in den Zwecken des Vereins einbefafst ist oder der Regel nach ein jeder oder ein jeder von bestimmtem Stand, Gewerbe oder dergleichen die Aufnahme erlangen kann, oder wenn für die Teilnahme am Spiel ein besondrer Beitrag bezahlt wird.

38. Kapitel.

Übertretungen wider die Person.

§ 384. Wer sich an einer Schlägerei beteiligt oder dazu mitwirkt, durch die der Tod eines Menschen oder eine schwere Körperverletzung oder Gesundheitsbeschädigung verursacht wird, wird mit Geldstrafe oder mit Gefängnis bis zu sechs Monaten bestraft. Jedoch ist er straflos, wenn wahrscheinlich gemacht wird, dafs er wider seinen Willen in die Schlägerei hineingezogen wurde, oder dafs er sich hineingemischt hat, um jemanden gegen Unglimpf zu beschützen oder um der Schlägerei ein Ende zu machen.

§ 385. Wer bei einer Schlägerei zum Messer oder einem andern besonders gefährlichen Werkzeuge greift, wird mit Geldstrafe oder mit Gefängnis bis zu 3 Monaten bestraft.

§ 386. Wer, ohne die Absicht zu schaden, in Übereilung oder aus Unverstand das ihm zukommende Züchtigungsrecht überschreitet, wird mit Geldstrafe oder mit Haft bis zu 3, im Rückfalle aber bis zu 6 Monaten bestraft.

§ 387. Wer es unterläfst, obwohl es ohne besondre Gefahr oder Aufopferung für ihn selbst oder andre ihm möglich war,

1. nach Vermögen demjenigen zu helfen, der in augenscheinlicher und dringender Lebensgefahr ist; oder
2. durch rechtzeitige Anzeige bei der zuständigen Behörde oder in andrer Weise eine Feuersbrunst, Überschwemmung, Explosion oder einen andern Menschenleben gefährdenden Unglücksfall nach Vermögen abzuwenden,

wird mit Geldstrafe oder mit Gefängnis bis zu 3 Monaten

und wenn infolge der Übertretung ein Mensch ums Leben kommt, bis zu 6 Monaten bestraft.

§ 388. Ärzte und Hebammen, die in dem Bezirke ihrer Berufsthätigkeit in Fällen, wo ihre Hilfe dringend notwendig ist, ohne billigen Grund diese verweigern, oder sie rechtzeitig zu gewähren unterlassen, werden mit Geldstrafe bestraft. Das gleiche gilt von Apothekern, die unter solchen Umständen sich weigern, Heilmittel zu verabfolgen.

Die aus dem geleisteten Beistande erwachsenen Ansprüche können stets gegen den zuständigen Armenverband geltend gemacht werden.

§ 389. Mit Geldstrafe oder mit Gefängnis bis zu drei Monaten werden Eltern, Hausherren und andre in ähnlicher Stellung bestraft, die es unterlassen, einer zu ihrem Hausstande gehörigen Frauensperson aus Anlafs ihrer Schwangerschaft oder Niederkunft die nötige Hilfe zu gewähren, wenn dies zur Folge hat, dafs die Frauensperson in einen notleidenden oder hilflosen Zustand versetzt wird, in dem sie ein gegen das Leben des Kindes oder der Leibesfrucht gerichtetes oder dieses gefährdendes Verbrechen begeht.

In gleicher Weise werden sie bestraft, wenn sie, obwohl sie wissen oder bestimmt vermuten, dafs eine ihrem Hausstande angehörige Frauensperson ihre Schwangerschaft verheimlicht, es unterlassen, sie hierüber zu befragen und dadurch dazu mitwirken, dafs sie ein solches Verbrechen wie oben erwähnt, begeht.

§ 390. Wer den Frieden des Privatlebens dadurch verletzt, dafs er ohne erweisbare, achtungswerte Gründe öffentliche Mitteilungen über persönliche oder häusliche Verhältnisse macht, wird mit Geldstrafe oder mit Gefängnis bis zu drei Monaten bestraft.

§ 250 findet entsprechende Anwendung.

Ist die Übertretung durch eine Druckschrift begangen worden, so kann die Einziehung nach § 324 angeordnet werden.

Öffentliche Verfolgung findet nicht statt.

39. Kapitel.

Übertretungen gegen Vermögensrechte.

§ 391. Wer eine nach § 291 oder 292, Abs. 1 strafbare Handlung begeht, ohne dafs der verursachte Schaden zehn Kronen übersteigt, oder wer rechtswidrig einen Gegenstand beschmutzt oder besudelt oder dazu mitwirkt, wird mit Geldstrafe oder mit Gefängnis bis zu 3, im Rückfalle bis zu 6 Monaten bestraft.

Fahrlässige Schadenzufügung von der in § 292 Abs. 1 behandelten Art wird mit Geldstrafe oder mit Gefängnis bis zu 2 Monaten bestraft.

§ 392. Wer rechtswidrig sich oder andre in den Besitz einer beweglichen Sache setzt oder dazu mitwirkt, wird mit Geldstrafe, und wenn der Wert der Sache 10 Kronen übersteigt oder Gewalt oder Drohungen angewendet worden sind, mit Geldstrafe oder Gefängnis bis zu 6 Monaten bestraft.

Hat der Schuldige in der Absicht gehandelt, ein wirkliches oder vermeintliches Recht geltend zu machen, so ist eine höhere Strafe als Geldstrafe zu verhängen und bei besonders mildernden Umständen kann die Strafe ganz fortfallen.

§ 393. Wer rechtswidrig eine fremde bewegliche Sache braucht oder darüber verfügt, sodafs dadurch dem Berechtigten Schaden oder Unbequemlichkeit zugefügt wird oder wer dazu mitwirkt, wird mit Geldstrafe bestraft.

§ 394. Wer es unterläfst, in gesetzlicher Weise über einen gefundenen Gegenstand Aufschlufs zu geben oder Anzeige zu erstatten, wird mit Geldstrafe bestraft.

Bei besonders mildernden Umständen kann die Strafe fortfallen.

§ 395. Wer rechtswidrig sich oder andre in den Besitz von Grundstücken setzt oder wer dazu mitwirkt, wird mit Geldstrafe oder mit Gefängnis bis zu 3, und wenn Gewalt oder Drohungen angewendet sind, bis zu 6 Monaten bestraft.

§ 392 letzter Absatz findet entsprechende Anwendung.

§ 396. Wer ohne Berechtigung auf einem Grundstück in fremdem Besitze baut, gräbt, sprengt, sät oder pflanzt, einen Fahrweg oder Fufssteig anlegt oder Vieh treibt, oder wer rechtswidrig zum Schaden des Berechtigten oder wider dessen Verbot andre Verfügungen über ein Grundstück in fremdem Besitze trifft, oder wer dazu mitwirkt, wird mit Geldstrafe oder mit Gefängnis bis zu 3 Monaten bestraft.

Ist durch die getroffene Verfügung ein Grenzzeichen verwischt worden, so kann Gefängnis bis zu 6 Monaten verhängt werden.

§ 397. Wer sein Recht einem Mitberechtigten gegenüber dadurch überschreitet, dafs er eine ihm über ein Grundstück zustehende Verfügungsmacht in weiterer Ausdehnung oder auf eine andre Weise, als es dem Gesetz entspricht, ausübt, wird mit Geldstrafe oder mit Gefängnis bis zu 3 Monaten bestraft.

§ 398. Wer

1. rechtswidrig zum Schaden eines andern oder in ungebührlicher Hinderung des allgemeinen Verkehrs oder der Flöfserei fliefsendes Wasser verunreinigt oder absperrt oder seinen Lauf oder seine Masse verändert; oder
2. sich eines nach Nachbarrechtsverhältnissen strafbaren Benehmens schuldig macht,

oder wer dazu mitwirkt, wird mit Geldstrafe oder mit Gefängnis bis zu 3 Monaten bestraft.

§ 399. Mit Geldstrafe oder mit Gefängnis bis zu drei Monaten wird bestraft, wer eine nach §§ 256, 257, 262 oder 318 strafbare Handlung verübt:

1. in Beziehung auf folgende in Wäldern, Feldern oder Wiesen befindliche Gegenstände: Steine, Sand, Lehm, Erde, Mist, Mineralien, Torf, Moos, Heidekraut, Blumen, Sträucher, Zweige, Laub, Birkenrinde, Borke, Nadeln, trockne Bäume oder Äste, dürres Holz, ungeerntete oder abgefallene Getreide- oder sonstige Früchte;
2. in Beziehung auf Tang, wilde Austern oder Muscheln im Wasser, innerhalb der Flutlinie oder am Strande.

Im Rückfall oder wenn der Wert des Gegenstandes zehn Kronen übersteigt, kann Gefängnis bis zu 6 Monaten verhängt werden.

§ 400. Wer an nicht eingezäunten Orten wilde Nüsse,

die auf der Stelle verzehrt werden, oder wilde Beeren, Pilze oder Blumen pflückt, oder Wurzeln von wilden Kräutern ausgräbt, ist nicht strafbar.

Diese Bestimmung findet auf denjenigen keine Anwendung, der Multbeeren*) auf Multbeerland im Stift Tromsö entweder gegen das ausdrückliche Verbot des Eigentümers oder ohne sie auf der Stelle zu verzehren, pflückt.

§ 401. Wer in der Absicht, jemandem einen unberechtigten Gewinn zu verschaffen, durch Hervorrufung eines Irrtums, durch Geschenke oder dergleichen andre davon abzuhalten oder daran zu hindern sucht, bei öffentlichen Käufen oder Verkäufen mitzubieten, oder wer dazu mitwirkt, wird mit Geldstrafe oder mit Gefängnis bis zu 4 Monaten bestraft.

§ 402. Mit Geldstrafe oder mit Gefängnis bis zu drei Monaten wird bestraft, wer unter Verschweigung des Umstandes, dafs er nicht im stande ist zu bezahlen oder Sicherheit zu stellen, in einem Gasthofe, einem Wirtshause oder an ähnlichen Orten, wo vorausgesetzt wird, dafs man vor dem Fortgehen oder dem Wegzug Zahlung leistet, Wohnung nimmt oder Speisen, Getränke oder dergl. geniefst, oder wer die Arbeit oder die Sachen andrer unter Umständen benutzt, unter denen die gleiche Voraussetzung gilt, sowie wer dazu mitwirkt.

Gleiche Strafe trifft den, der in einem der oben erwähnten Fälle, wiewohl er zu bezahlen oder Sicherheit zu stellen im stande ist, sich rechtswidrig entfernt, ohne dies zu thun, oder wer dazu mitwirkt.

§ 403. Wer, ohne die festgesetzte Zahlung zu leisten, sich den Zutritt zu einer Vorstellung, Ausstellung oder Versammlung in geschlossenem Raum oder zu einer Reise mit Eisenbahn oder Dampfschiff oder dergleichen zu erschleichen sucht, oder wer dazu mitwirkt, wird mit Geldstrafe oder mit Gefängnis bis zu 3 Monaten bestraft.

§ 404. Hat jemand, dem die Verwaltung oder Aufbewahrung fremden Geldes oder fremder Wertpapiere anvertraut ist, diese trotz Verbotes mit eignen Mitteln vermischt

---

*) multebær = Rubus chamaemorus. Das Stift Tromsö umfafst die Ämter Nordland, Tromsö und Finnmarken.

oder hat er auf andre Weise giltig festgestellten Regeln zuwidergehandelt, so wird er mit Geldstrafe oder mit Gefängnis bis zu 6 Monaten bestraft.

§ 405. Wer in den Fällen, wo der Preis einer Ware oder das Entgelt für eine Arbeit oder eine Leistung von einer öffentlichen Behörde giltig festgesetzt ist, als Bezahlung mehr als das Festgesetzte fordert oder annimmt, wird mit Geldstrafe, und im Rückfalle mit Geldstrafe oder mit Gefängnis bis zu 3 Monaten bestraft.

Gleiche Strafe trifft den, der sich in einem Vertrage einen Vorteil ausbedingt, den zu verabreden verboten ist.

§ 406. Rechtswidrige Handlungen, durch die jemand sich oder andre einer öffentlichen Steuer oder Abgabe zu entziehen sucht, werden, sofern dafür keine strengere Strafe angedroht ist, mit Geldstrafe und im Rückfalle mit Geldstrafe oder mit Gefängnis bis zu 4 Monaten bestraft.

In jedem Falle kommt § 36 zur Anwendung, jedoch mit der Mafsgabe, dafs der Betrag derjenigen öffentlichen Kasse zufällt, an die die Steuer oder Abgabe hätte entrichtet werden sollen.

Solche Handlungen gegen fremde Staaten können unter der Bedingung der Gegenseitigkeit nach näherer Verordnung des Königs mit Geldstrafe bestraft werden.

§ 407. Wer durch Fischen, Jagen, Aufstellen von Fanggerätschaften, Fangen oder Töten solcher Tiere, die nicht in jemandes Eigentum stehen, das Recht eines andern verletzt, wird mit Geldstrafe oder mit Gefängnis bis zu 2, im Rückfalle bis zu 4 Monaten bestraft.

§ 408. Die Übertretungen der §§ 395, 396, 398, 402, 403 und 404 werden, aufser auf Antrag eines Verletzten, durch öffentliche Klage nicht verfolgt.

Doch tritt wegen der Übertretung des § 398, wenn es sich um fliefsendes Wasser handelt, und des § 404 in allen Fällen die öffentliche Verfolgung ein, wenn allgemeine Rücksichten es erfordern.

Die Übertretungen der §§ 391, 392, 393, 397, 399 und 407 werden nicht durch öffentliche Klage verfolgt, es sei denn, dafs ein Verletzter es beantragt und allgemeine Rücksichten es erfordern.

40. Kapitel.

Übertretungen in privaten Dienstverhältnissen.

§ 409. Wer ohne gesetzlichen oder ausreichenden Grund einen Dienst, zu dem er sich verpflichtet hat, verläfst oder anzutreten unterläfst, oder wer dazu mitwirkt, wird mit Geldstrafe bestraft.

Unter besonders erschwerenden Umständen kann Gefängnis bis zu 3 Monaten verhängt werden.

Die vorstehende Bestimmung findet auf Personen unter 18 Jahren, die ohne Einwilligung oder Ermächtigung ihres Vormundes einen Dienstvertrag abgeschlossen haben, keine Anwendung.

§ 410. Wer rechtswidrig sich weigert, jemanden in seine Dienste zu nehmen, oder ihn aus dem Dienste entläfst, wird mit Geldstrafe bestraft.

§ 411. Wer rechtswidrig einer Person, die er in seinen Dienst genommen hat, die Aufnahme in sein Haus verweigert oder sie aus diesem verweist und dadurch einer Gefahr oder besondern Verlegenheit aussetzt, wird mit Geldstrafe oder mit Gefängnis bis zu 3 Monaten bestraft.

Lag ein gesetzlicher Grund vor, das Dienstverhältnis ohne Kündigungsfrist aufzulösen, mufs jedoch die Weigerung der Aufnahme oder die Ausweisung den Umständen nach als durchaus zur Unzeit erfolgt angesehen werden, so tritt Geldstrafe ein.

§ 412. Wenn ein Dienstpflichtiger durch rechtswidriges Wegbleiben vom Dienst oder durch Weigerung, ihm obliegende Arbeiten auszuführen, seine Pflichten verletzt, oder wenn ein Dienstpflichtiger, der in den Hausstand des Dienstgebers aufgenommen ist, sonst eine besonders schlechte Führung an den Tag legt, so wird er mit Geldstrafe bestraft.

Gleiche Strafe trifft den Dienstherrn, der sich weigert, zu rechter Zeit dem Dienstpflichtigen seinen Lohn zu zahlen oder ihm das zu gewähren, worauf er sonst Anspruch haben mag, oder der sich im übrigen einem in seinem Hausstande aufgenommenen Dienstpflichtigen gegenüber eines besonders schlechten Verhaltens schuldig macht.

§ 413. Die vorstehenden Übertretungen werden im Wege der öffentlichen Klage nicht verfolgt, aufser auf Antrag eines Verletzten.

41. Kapitel.

Übertretungen, die sich auf die Seeschiffahrt beziehen.

§ 414. Übertritt ein Schiffer oder Rheder die Vorschriften der norwegischen Gesetzgebung über die Musterung der Mannschaft, die Heuerverträge und Abrechnungsbücher, über Anzeigen, Gestellungen, Vorweisung von Urkunden oder Abgabe verlangter Auskunft vor einer Behörde, so wird er mit Geldstrafe bestraft.

Wenn er unterläfst, Seeverklarung oder gerichtliche Beweisaufnahme zu veranstalten, sofern solches nach norwegischem Gesetz geboten ist, so wird er mit Geldstrafe oder mit Gefängnis bis zu 2 Monaten bestraft.

§ 415. Unterläfst ein Schiffer im Falle eines Zusammenstofses, dem Führer des andern Schiffes Aufschlufs über den Namen, Heimats- und Bestimmungshafen des Schiffes und über den Ort, von dem es kommt, zu geben, so wird er mit Geldstrafe oder mit Gefängnis bis zu 3 Monaten bestraft.

§ 416. Ein Schiffer oder Rheder wird mit Geldstrafe oder mit Gefängnis bis zu 2 Monaten bestraft, sofern er gegen die Pflichten verstöfst, die ihm in Gemäfsheit der norwegischen Gesetze zur Sicherung der Seetüchtigkeit des Schiffes oder zur Fürsorge für die an Bord befindlichen Personen obliegen.

§ 417. Ein Schiffer auf norwegischem Schiff wird mit Geldstrafe oder mit Gefängnis bis zu 2 Monaten bestraft, sofern er

1. die Vorschriften zu beachten unterläfst, die für den Fall gegeben sind, dafs von einem Mitfahrenden Verbrechen begangen werden, oder
2. ohne giltigen Grund sich weigert, Personen an Bord zu nehmen, für deren Heimtransport eine norwegische Behörde zu sorgen hat, oder
3. nicht den Entscheidungen folgt, welche in Streitigkeiten zwischen ihm und einem Untergebenen von einer zuständigen Behörde getroffen werden, sofern diese entweder endgiltig oder vorläufig für ihn bindend sind.

§ 418. Verstöfst jemand gegen die ihn verpflichtenden Vorschriften zur Verhütung des Zusammenstofsens von Schiffen oder in betreff der Notsignale oder des Lotsens, so wird er mit Geldstrafe bestraft.

§ 419. Ein Schiffer oder Rheder, der die Bestimmungen der norwegischen Gesetzgebung über die Schiffsregistrierung oder über die Bezeichnung des Schiffes mit Namen und Heimatshafen oder über Anschläge an Bord wegen der zulässigen Anzahl von Passagieren oder ähnliche Bestimmungen nicht beachtet, wird mit Geldstrafe bestraft.

In gleicher Weise wird ein Schiffer auf norwegischem Schiffe bestraft, der nicht die nötigen Schiffspapiere, sowie ein Exemplar der über die Schiffahrt erlassenen Gesetze und übrigen Vorschriften an Bord hat.

§ 420. Der Führer eines norwegischen Schiffes, der bei Ausübung der ihm gesetzlich beigelegten Strafgewalt das vorgeschriebene Verfahren nicht beachtet, wird mit Geldstrafe bestraft.

§ 421. Wenn ein Schiffer, Steuermann oder Maschinist auf norwegischem Schiffe diejenigen Handlungen unterläfst, die wegen Führung eines Tagebuches oder sonstiger Aufzeichnungen oder wegen ihrer Aufbewahrung oder Ablieferung vorgeschrieben sind, so wird er mit Geldstrafe oder mit Gefängnis bis zu 2 Monaten bestraft.

§ 422. Ein Schiffer, Steuermann, Maschinist oder Lotse, der

1. sich grober oder öfters bewiesener Fahrlässigkeit im Dienst an Bord schuldig macht, oder
2. vorsätzlich oder fahrlässig sich während solchen Dienstes, oder wenn dieser bevorsteht, betrinkt,

wird mit Geldstrafe oder mit Gefängnis bis zu 3 Monaten bestraft.

Wird jemand nach diesem Paragraphen zum zweiten Male verurteilt, so kann ihm das Recht, den Beruf fortzusetzen, entzogen werden.

§ 423. Mit Geldstrafe oder mit Gefängnis bis zu drei Monaten wird ein Schiffer bestraft, der

1. unberechtigt die norwegische Flagge oder in norwegischen Fahrwassern eine Flagge führt, zu deren Führung er nicht berechtigt ist,

2. unberechtigt zwischen Orten an der norwegischen Küste Frachtschiffahrt betreibt.

§ 424. Wer als Schiffer, Steuermann oder Maschinist Dienste thut, ohne die gesetzlich bestimmten Eigenschaften zu besitzen, wird mit Geldstrafe oder mit Gefängnis bis zu drei Monaten bestraft.

In gleicher Weise wird der Rheder oder Schiffer bestraft, der einen Unberechtigten in einer solchen Stellung verwendet.

§ 425. Ein Schiffer, welcher ohne triftigen Grund eine Handlung vornimmt oder von andern vornehmen läfst, durch die das Schiff oder die Ladung der Aufbringung oder Beschlagnahme ausgesetzt wird, wird mit Geldstrafe oder mit Gefängnis bis zu 6 Monaten bestraft.

In gleicher Weise wird jeder Mitfahrende bestraft, der ohne Erlaubnis des Schiffers eine solche Handlung wie oben erwähnt, vornimmt.

Öffentliche Verfolgung findet nur auf Antrag des Verletzten statt.

§ 426. Mit Geldstrafe oder unter besonders erschwerenden Umständen mit Gefängnis bis zu 2 Monaten wird der Untergebene an Bord eines norwegischen Schiffes bestraft, der

1. es unterläfst, zu rechter Zeit den Dienst anzutreten, oder gesetzwidrig von Bord des Schiffes geht oder, wenn er Landurlaub erhalten hat, mehr als 6 Stunden über die erlaubte Zeit ausbleibt;
2. es unterläfst, so zeitig als möglich einen Vorfall zu melden, der ihn hindert, den Dienst anzutreten oder fortzusetzen;
3. durch Nachlässigkeit im Dienste eine Gefahr verursacht;
4. vorsätzlich oder fahrlässig sich während des Dienstes oder wenn dieser bevorsteht, betrinkt;
5. den Proviant vergeudet oder sonst ungehörig damit umgeht;
6. heimlich Personen oder eigne oder fremde Sachen an oder von Bord bringt;
7. es unterläfst, den schuldigen Gehorsam gegenüber einem von seinen Vorgesetzten gegebenen Befehl zu zeigen oder einen andern zu solchem Ungehorsam verleitet;

8. sich einer groben Verletzung der einem Vorgesetzten gebührenden Achtung schuldig macht; oder
9. auf andre Weise an Bord oder im Dienst ein besonders schlechtes Verhalten zeigt.

Öffentliche Verfolgung findet nur auf Antrag des Schiffers oder Rheders statt.

§ 427. Ist jemand disziplinarisch vom Schiffer wegen einer Übertretung bestraft, wegen deren später Strafverfolgung eingeleitet wird, so kommt die verbüfste Strafe bei der Strafausmessung in Abzug, sodafs die Strafe aus diesem Grunde auch unter das gesetzlich bestimmte Mindestmafs herabgesetzt werden oder ganz fortfallen kann.

42. Kapitel.

Übertretungen, die durch Druckschriften begangen werden.

§ 428. Wer es unterläfst, seinen Namen oder seine Firma und den Druckort auf einer von ihm gedruckten Schrift — mit Ausnahme von Stimmzetteln, Preisverzeichnissen, Formularen und dergleichen — anzugeben, oder eine unrichtige Angabe macht, wird mit Geldstrafe bestraft.

§ 429. Wenn der Herausgeber (Redakteur) einer Zeitung oder Zeitschrift nicht in derselben als solcher angegeben wird, so ist sowohl er als der Verleger mit Geldstrafe zu bestrafen.

Wird eine andre Person, als der wirkliche Herausgeber, angegeben, so wird sowohl dieser und der Verleger, wie auch der unrichtig Angegebene, falls die Angabe mit seiner Einwilligung geschehen ist, mit Geldstrafe oder mit Gefängnis bis zu 3 Monaten bestraft.

§ 430. Weigert sich der Herausgeber einer Zeitung oder Zeitschrift auf Verlangen eines Beteiligten, eine Widerlegung einer in der Zeitung oder Zeitschrift gebrachten Mitteilung unverändert aufzunehmen, obwohl die Widerlegung nichts Strafbares enthält, so wird er mit Geldstrafe bestraft, wobei das Urteil ihn zugleich zur Aufnahme der Widerlegung zu verpflichten hat unter zwangsweiser Androhung laufender Geldbufsen.

Die Weigerung wird als vorliegend angesehen, wenn die Widerlegung nicht in der ersten nach ihrem Empfang erscheinenden Nummer der Zeitung oder Zeitschrift, die nicht damals schon druckfertig war, und nicht mit ebenso hervortretender Schrift und an einer ebenso in die Augen fallenden Stelle, wie die widerlegte Mitteilung gebracht wird. Nimmt sie mehr als den doppelten Platz der Mitteilung ein, so besteht wegen des überschiefsenden Teils ein Anspruch auf die gewöhnliche Bezahlung für Bekanntmachungen.

Öffentliche Verfolgung findet nur auf Antrag des Verletzten statt.

§ 431. Der Herausgeber einer Zeitung oder Zeitschrift, der etwas zum Druck befördert, das ihm eine Strafverfolgung zugezogen haben würde, wenn er den Inhalt nachweislich gekannt hätte, wird mit Geldstrafe bestraft.

Enthält das Gedruckte ein Verbrechen, von dem anzunehmen ist, dafs es, wenn der Herausgeber den Inhalt nachweislich gekannt hätte, ihm Gefängnis über 6 Monate oder eine andre gleich hohe Strafe hätte zuziehen müssen, so kann Haft bis zu 4 Monaten verhängt werden.

Der Herausgeber bleibt straflos, wenn er beweist, dafs er sich keine Fahrlässigkeit habe zu Schulden kommen lassen.

In Bezug auf die öffentliche Verfolgung gilt dasselbe wie für die Verfolgung der in der Druckschrift enthaltenen strafbaren Handlung.

§ 432. Mit Geldstrafe wird bestraft, wer in einer Druckschrift die Verhandlungen der Gerichte oder andrer öffentlichen Behörden so wiedergibt, dafs die Wiedergabe wegen Weglassungen oder Zusätze oder auf andre Weise als vorsätzlich entstellt erscheint, oder wer dazu mitwirkt.

§ 433. Wer eine Druckschrift, die für beschlagnahmt oder eingezogen erklärt ist, wiederabdruckt, feilhält, zur Leihe ausbietet oder auf andre Weise allgemein zu verbreiten sucht, wird mit Geldstrafe oder mit Gefängnis bis zu 3 Monaten bestraft.

§ 434. Wer es unterläfst, sobald die Verteilung oder Versendung einer von ihm herausgegebenen öffentlichen Zeitung, Zeitschrift oder eines Flugblattes begonnen hat, der Ortspolizei ein Exemplar zuzustellen, wird mit Geldstrafe bestraft.

Diese Vorschrift findet keine Anwendung auf Schriften, welche lediglich über Wissenschaft, Kunst oder Gewerbebetrieb handeln oder Mitteilungen von öffentlichen Behörden enthalten.

§ 435. In den Fällen der §§ 432 und 433 ist die Schrift stets nach den Regeln des § 324 einzuziehen.

In den Fällen der §§ 428 und 429 kann die Einziehung beschlossen werden.

Wer im Laufe eines Jahres dreimal nach einem der §§ 428, 429, 432 oder 433 verurteilt wird, kann im Urteil wegen der letzten Übertretung für die Zeit bis zu 5 Jahren des Rechtes für verlustig erklärt werden, das Gewerbe eines Druckers oder Verlegers oder Herausgebers von Zeitungen oder Zeitschriften zu betreiben.

B. Getz. A. Qvam. V. Scheel. Harald Smedal.
I. H. Thoresen. Fr. Woxen. H. Øverland.

Andreas Urbye.

Anhang.

Entwurf zu einem Gesetze über Arbeitsscheu, Bettelei und Trunksucht, sowie über Zwangsarbeitshäuser.

Ausgearbeitet von der durch Königl. Resolution vom 14. November 1885 eingesetzten Strafgesetzkommission.

Christiania. 1894.*)

Kapitel I.

Arbeitsscheu und Bettel.

§ 1. Wer, obwohl arbeitsfähig, nicht regelmäfsig arbeitet, ist, wenn er seinen Unterhalt durch Betteln sucht oder dem Armenwesen oder einer privaten Armenpflege zur Last fällt, oder seine Unterhaltspflichten wegen seines Müfsiggangs versäumt, sodafs seine Familie in Not gerät, oder wenn ein ihm auferlegter Beitrag zum Unterhalt eines Kindes unter 15 Jahren nicht beigetrieben werden kann, von der Polizei zu

*) Dieser Gesetzentwurf ist schon 1894 ausgearbeitet, während der Entwurf zum ganzen Strafgesetz erst 1896 fertig wurde. Der Grund zu der früheren Ausarbeitung dieses Gesetzes ist der auf diesem Gebiete der norwegischen Gesetzgebung herrschende Notstand, der es wünschenswert machte, so bald als möglich ein Gesetz zu erhalten. Aus diesem Grunde berücksichtigt dieser Entwurf das geltende (nicht das zukünftige) norwegische Recht und hat deshalb auch einzelne Bestimmungen des Strafgesetzentwurfes (z. B. § 40 vgl. St.G.B.Entw. § 39) aufgenommen. Die angedrohten Strafen sind daher auch die des geltenden Rechts. Wenn z. B. dieser Entwurf schlechthin Gefängnis androht, so wird darunter verstanden: Gefängnis bei Wasser und Brot von 4 bis zu 30 Tagen, Gefängnis bei gewöhnlicher Gefangenenkost von 16 bis zu 120 Tagen oder Arrest (Haft) von 32 bis zu 240 Tagen. Das Gefängnis des geltenden Rechts entspricht ungefähr 4 monatlichem Gefängnis oder 8 monatlicher Haft des Strafgesetzentwurfes.

verwarnen, und, wenn möglich, ist ihm durch die Ortsarmenbehörde eine Anweisung auf Arbeit zu geben.

§ 2. Mit Gefängnis wird bestraft, wer es unterläfst, die ihm nach § 1 angewiesene Arbeit zu suchen oder auszuführen, oder sie ohne Grund verläfst oder wegen schlechter Führung aus ihr entlassen wird und darnach innerhalb eines Jahres nach Erteilung der Verwarnung wegen völliger oder teilweiser Arbeitslosigkeit seinen Unterhalt durch Betteln sucht oder dem Armenwesen oder einer privaten Armenpflege zur Last fällt oder aufser stande wird, einen ihm auferlegten Beitrag zum Unterhalt eines Kindes unter 15 Jahren zu entrichten, oder seine Unterhaltspflicht versäumt, sodafs seine Familie in Not gerät.

Zugleich wird die Anklagebehörde im Urteil ermächtigt, ihn für eine Zeit von 18 Monaten, und wenn er schon früher nach diesem Gesetz in ein Zwangsarbeitshaus verbracht war, für eine Zeit von 3 Jahren in einem Zwangsarbeitshaus unterbringen zu lassen. Geschieht solche Unterbringung, so kann die Vollstreckung der verhängten Gefängnisstrafe ganz oder teilweise entfallen.

§ 3. Jeder, der sich unter solchen Umständen dem Müfsiggang ergibt, oder umhertreibt, dafs der Verdacht als begründet erscheint, dafs er sich ganz oder teilweise durch strafbare Handlungen ernährt, ist von der Anklagebehörde aufzufordern, über seine Erwerbsquellen Auskunft zu geben.

Handelt es sich um eine Person, die von Ort zu Ort umherzieht, oder scheint es aus andern Gründen nötig, sich ihrer Anwesenheit während der Untersuchung zu versichern, so kann sie vorläufig festgenommen und in Untersuchungshaft gesetzt werden nach den Regeln der §§ 231 ff. der Strafprozefsordnung.

§ 4. Gibt eine in § 3 erwähnte Person keine befriedigende Auskunft über ihre Erwerbsquellen, so ist ihr zu eröffnen, dafs sie sich der Verfolgung wegen Arbeitsscheu aussetzt, wenn sie nicht innerhalb einer Frist, die auf 3 bis 30 Tage bestimmt werden kann, einen rechtmäfsigen Erwerb nachweist.

Eine solche Frist braucht demjenigen nicht gesetzt zu werden, der einen rechtmäfsigen Erwerb sich nicht verschaffen zu können oder zu wollen erklärt, oder der schon früher wegen Arbeitsscheu bestraft ist.

§ 5. Wer sich unter solchen Umständen dem Müfsiggang ergibt oder sich umhertreibt, dafs Grund zu der Annahme vorliegt, dafs er sich ganz oder teilweise durch strafbare Handlungen ernährt, die mit höherer Strafe als Geldstrafe bedroht sind, wird wegen Arbeitsscheu mit Gefängnis bestraft; zugleich ist die Anklagebehörde im Urteil zu ermächtigen, ihn auf die Dauer von 3 Jahren, und wenn er schon früher nach diesem Gesetz in ein Zwangsarbeitshaus verbracht war, auf die Dauer von 6 Jahren in einem Zwangsarbeitshause unterbringen zu lassen.

Geschieht solche Unterbringung, so kann die Vollstreckung der verhängten Gefängnisstrafe ganz oder teilweise entfallen.

Gleiche Strafe trifft den, der innerhalb 5 Jahren, nachdem er in Gemäfsheit des § 7 zu seinem festen Wohnsitz zurückgekehrt ist oder einen solchen erworben hat, ohne nachweisbaren rechtmäfsigen Erwerb von Ort zu Ort umherzieht; zugleich kommt bei der Entlassung § 7 wieder zur Anwendung.

§ 6. Wenn es sich in einer Strafsache wegen eines mit Zuchthaus (Strafarbeide*)) bedrohten Verbrechens herausstellt, dafs der Angeklagte sich unter solchen Umständen dem Müfsiggang ergibt oder umhertreibt, dafs Grund zu der Annahme vorliegt, dafs er sich ganz oder teilweise durch strafbare Handlungen ernährt, die mit höherer Strafe als Geldstrafe bedroht sind, so kann er, ohne dafs es der in § 4 erwähnten Eröffnung bedarf, nach § 5 verurteilt werden, falls ein Antrag hierauf gestellt wird.

Findet demgemäfs eine Unterbringung in einem Zwangsarbeitshaus statt, so kann die Vollstreckung der ganzen verhängten Freiheitsstrafe entfallen, sofern sie nicht Gefängnis übersteigt.

§ 7. Wenn eine in § 3 erwähnte Person, die trotz Aufforderung keine befriedigende Auskunft über ihre Erwerbsquellen gibt, sich aufserhalb ihres Wohnortes aufhält, so kann

---

*) Das Zuchthaus des geltenden Rechts entspricht ungefähr dem Gefängnis über 6 Monaten gemäfs dem Strafgesetzentwurfe (vgl. Anmerkung S. 114).

ihr die Verpflichtung auferlegt werden, an diesen zurückzukehren, und nötigen Falles kann sie durch polizeiliche Veranstaltung zurückgeschickt werden. Wenn dies stattfindet, ohne dafs ein Urteil nach §§ 5 oder 6 erlassen wird, so entscheidet auf Verlangen das Verhörsgericht, ob die Bedingungen für die Anwendung dieser Mafsregel vorliegen.

Handelt es sich um eine Person, die von Ort zu Ort zieht, ohne einen festen Wohnsitz nachweisen zu können, so kann sie angehalten werden, sich einen solchen zu verschaffen, wozu ihr die Polizei soweit als möglich behilflich sein soll. Will oder kann sie sich nicht einen Wohnsitz verschaffen, so sollen, wenn die nötigen Geldmittel dazu bewilligt worden sind, die öffentlichen Behörden nach näheren vom König zu erlassenden Bestimmungen ihr einen festen Wohnsitz anweisen. Entsteht Streit über ihre Verpflichtung zur Annahme eines solchen, so entscheidet das Verhörsgericht.

Auf die Entscheidung des Verhörsgerichtes und auf die Beschwerde dagegen finden die Regeln der Strafprozefsordnung Anwendung.

Wenn umherziehende Kinder, deren Eltern keinen festen Wohnsitz haben und die auch selbst keinen solchen haben, nach dem Gesetze über die Behandlung verwahrloster Kinder*) untergebracht werden, so geschieht dies auf Kosten des Staats.

§ 8. Fällt jemand, der in Gemäfsheit des § 7 Abs. 2 einen Wohnsitz in einer Gemeinde erworben hat, entweder selbst oder wegen eines Mitgliedes seines Hausstandes dem Armenwesen der Gemeinde zur Last, so kann die Erstattung der notwendigen Ausgaben aus der Staatskasse gefordert werden.

Doch sind drei Viertel von der Wohnsitzgemeinde zu tragen, wenn der Unterstützte dort bei der Ansiedelung das Heimatsrecht besitzt und zu irgend einer Zeit während der letzten fünf Jahre dort seinen festen Wohnsitz gehabt hat.

Findet die Ansiedelung aufserhalb der Heimatsgemeinde statt, so ist diese letztere Gemeinde verpflichtet, dem Staat drei Viertel der Auslagen zu ersetzen, wenn der Angesiedelte zu irgend einer Zeit während der letzten 5 Jahre vor der

*) Gesetz vom 6. Juni 1896, Übersetzung in Z. XVII. Vgl. § 47 daselbst.

Ansiedelung in der Heimatsgemeinde seinen festen Wohnsitz gehabt hat. Doch gilt dies nicht, wenn 2 Jahre nach der Ansiedelung verlaufen, ohne dafs etwas vorfällt, wodurch der Erwerb eines neuen Heimatsrechtes gehindert sein würde.

Wenn es billig erscheint, kann der Staat einen höheren Anteil der Kosten tragen, sofern die nötigen Mittel dazu bewilligt sind.

Nach den vorstehenden Bestimmungen ist die Armenunterstützung zu entrichten, solange der Angesiedelte, oder, wenn es sich um eine Familie handelt, der Ehemann oder die Ehefrau am Leben sind und kein Heimatsrecht in einer andern Gemeinde erworben haben. Auf eine Unterstützung, die dem Kinde eines Angesiedelten als der Hauptperson gewährt wird, kommen diese Regeln in den ersten 15 Jahren nach der Ansiedelung zur Anwendung, es sei denn, dafs das Kind ein selbständiges Heimatsrecht in einer andern Gemeinde erworben hat.

§ 9. Wenn Personen, die nicht norwegische Staatsbürger sind, sich dem Müfsiggang ergeben oder sich herumtreiben, entweder ohne einen rechtmäfsigen Erwerb nachweisen zu können oder unter solchen Umständen, dafs Grund zu der Annahme vorliegt, dafs sie sich ganz oder teilweise durch strafbare Handlungen ernähren, so können sie nach Mafsgabe näherer vom Könige zu erlassender Vorschriften aus dem Reiche ausgewiesen und nötigen Falles durch polizeiliche Veranstaltung nach ihrem Heimatsland zurückgebracht werden.

Doch gilt dies nicht für diejenigen, die in Norwegen geboren sind und während der letzten 3 Jahre hier einen festen Wohnsitz oder ständigen Aufenthaltsort gehabt haben.

§ 10. Wenn der Ausgewiesene sich ohne Erlaubnis wieder nach Norwegen begibt, so wird er mit Gefängnis bestraft.*)

§ 11. Wer gewohnheitsmäfsig oder an einem für den allgemeinen Verkehr benutzten oder bestimmten Orte oder von Haus zu Haus wandernd bettelt, wird, sofern er nicht nach §§ 2, 5 oder 6 zu bestrafen ist, mit Gefängnis bei Wasser

*) Vgl. § 342 des Strafgesetzentwurfs.

und Brod von 2 bis zu 10 Tagen, oder mit entsprechender Gefängnisstrafe bei gewöhnlicher Gefangenenkost bestraft.

Gleiche Strafe trifft den, der andre zu solchem Betteln für sich verwendet oder unter seiner Fürsorge stehende Unmündige sich dessen schuldig machen läfst.

§ 12. Die Strafe des vorigen Paragraphen ist auf denjenigen nicht anzuwenden, der von einem unvorhergesehenen Notstand gezwungen gebettelt hat oder der wegen besonderer Umstände die Erlaubnis der Polizei dazu erhalten hat.

§ 13. Wer auf drohende Weise oder unter falschen Angaben, denen durch Kunstgriffe Vertrauen zu verschaffen gesucht wird, bettelt, oder wer dazu mitwirkt, wird, sofern er nicht nach §§ 2, 5 oder 6 zu bestrafen ist, mit Gefängnis bestraft.

§ 14. Wer eine Bescheinigung oder eine ähnliche Erklärung zum Gebrauch bei strafbarer Bettelei ausstellt, wird mit Geldstrafe bestraft.

§ 15. Wer durch falsche Angaben sich oder andern Geschenke oder Unterstützung zuzuwenden sucht, oder wer dazu mitwirkt, wird mit Gefängnis oder Geldstrafe bestraft.

Öffentliche Verfolgung findet nur auf Antrag des Verletzten statt.

§ 16. Wer öffentlich oder von Haus zu Haus wandernd Geschenke für irgend welchen Zweck ohne vorausgehende Anzeige an die Polizei sammelt, wird mit Geldstrafe bestraft.

Kapitel II.

Über Trunkenheit und deren Verursachung.

§ 17. Wer sich vorsätzlich oder fahrlässig in einen Zustand offenbarer Trunkenheit versetzt, in dem er an einem für den allgemeinen Verkehr benutzten oder bestimmten Ort angetroffen wird, ist mit Geldstrafe von 1 bis zu 800 Kronen zu bestrafen.

Hat er im Laufe des letzten Jahres zweimal eine Strafe nach diesem Paragraphen oder nach §§ 18 oder 20 erlitten, so kann Gefängnis verhängt werden.

§ 18. Wer sich vorsätzlich oder fahrlässig in einen Zustand der Trunkenheit versetzt, in dem er den allgemeinen Frieden oder die allgemeine Ordnung oder den rechtmäfsigen

Verkehr stört, die Umgebung belästigt oder eine Gefahr für Hausgenossen oder andre herbeiführt, wird mit Geldstrafe oder mit Gefängnis bestraft.

§ 19. Ergibt sich, dafs ein nach §§ 17 oder 18 zu Gefängnisstrafe Verurteilter der Trunksucht verfallen ist, so kann die Anklagebehörde im Urteil ermächtigt werden, ihn in einem Zwangsarbeitshause oder einer vom König bestätigten Heilanstalt für so lange Zeit unterzubringen, als von seiten des Arbeitshauses oder der Heilanstalt zu seiner Gesundung erforderlich befunden wird, jedoch nicht über 18 Monate, es sei denn, dafs er schon früher in solcher Weise untergebracht war.

Geschieht eine solche Unterbringung, so kann die Vollstreckung der verhängten Gefängnisstrafe ganz oder teilweise entfallen.

Die Kosten der Verbringung in eine Heilanstalt können von dem Untergebrachten ersetzt verlangt werden.

§ 20. Wer wegen Trunksucht entweder dem Armenwesen oder einer privaten Armenpflege zur Last fällt oder seinen Unterhalt durch Bettelei sucht oder einen ihm auferlegten Beitrag zum Unterhalt eines Kindes unter 15 Jahren zu entrichten unterläfst, oder seine Versorgungspflichten versäumt, sodafs seine Familie in Not gerät, ist mit Gefängnis zu bestrafen.

Ergibt sich, dafs der Schuldige der Trunksucht verfallen ist, so kommen die Bestimmungen des § 19 über Verbringung in ein Zwangsarbeitshaus oder eine Heilanstalt zur Anwendung.

§ 21. Wer infolge von Trunkenheit den allgemeinen Frieden und die allgemeine Ordnung oder den rechtmäfsigen Verkehr stört, seine Umgebung belästigt oder eine Gefahr für sich selbst, seine Hausgenossen oder andere herbeiführt, kann, wenn es zur Vorbeugung erforderlich erscheint, so lange in gefänglichen Gewahrsam gesetzt werden, bis er nüchtern wird.

Hierauf finden die §§ 232 und 234 der Strafprozefsordnung entsprechende Anwendung.

§ 22. Ein jeder, der wegen Trunksucht seine Mittel vergeudet oder seine Arbeit oder seine Geschäfte versäumt, sodafs er oder seine Familie in Bedrängnis gerät oder wahrscheinlich geraten wird, kann entmündigt werden.

Das Gleiche gilt für den, der auf sonstige Weise, weil er dem Trunke verfallen ist, seine Mittel vergeudet.

Der Entmündigte kann durch seinen Vormund in einer vom König bestätigten Heilanstalt untergebracht werden. Der Beschlufs des Vormunds kann von dem Entmündigten vor den Vormundschaftsrat gebracht werden. Dieser kann eine solche Unterbringung auch aus eigenem Ermessen beschliefsen.

§ 23. Wer der Trunksucht verfallen ist, kann sich selbst für bestimmte Zeit in eine vom König bestätigte Heilanstalt begeben mit der Wirkung, dafs er, wenn der Vormundschaftsrat nicht anders bestimmt, bis zum Ablauf der Zeit dort zurückgehalten werden kann.

§ 24. Mit Geldstrafe wird bestraft, wer

1. jemanden verleitet, sich in einen Zustand offenbarer Trunkenheit zu versetzen oder jemanden, der sich in solchem Zustande befindet, geistige Getränke zu geniefsen; oder
2. durch Drohungen oder hinterlistiges Verhalten jemanden dazu bringt, Getränke zu geniefsen, durch die er betrunken wird;
3. an einem für den allgemeinen Verkehr benutzten oder bestimmten Ort einem Kinde unter 16 Jahren geistige Getränke in solcher Menge verschafft, dafs es in einen Zustand offenbarer Trunkenheit versetzt wird.

Kommt jemand durch diese Übertretung zu Schaden, oder ist die Übertretung in einem als Gewerbe betriebenen Ausschank oder Verkauf begangen, oder ist der Schuldige früher im Laufe der letzten 2 Jahre nach diesem Paragraphen oder nach §§ 25 oder 26 bestraft, so tritt Geldstrafe oder Gefängnis ein.

§ 25. Mit Geldstrafe wird bestraft, wer in einem als Gewerbe betriebenen Ausschank von geistigen Getränken

1. solche Getränke an offenbar betrunkene Personen oder an eine Person, die offenbar unter 18 Jahren ist, ausschänkt oder ausschänken läfst, oder
2. solche Personen sich in dem Ausschankslokal aufhalten läfst, um dort geistige Getränke zu verzehren, oder

3. geistige Getränke in solcher Menge ausschenkt oder ausschenken läſst, daſs eine Trunkenheit augenscheinlich die Folge davon sein muſs.

Ist der Schuldige früher im Laufe der letzten 2 Jahre nach diesem Paragraphen oder den §§ 24 oder 26 bestraft worden, so kann Gefängnis angewendet werden.

Vorstehendes hindert nicht, daſs ein Ausschank anderer Getränke als Branntwein auch an Personen unter 18 Jahren zur Erquickung bei Mahlzeiten oder auf Reisen oder Ausflügen stattfinden kann.

§ 26. Mit Geldstrafe oder Gefängnis wird bestraft, wer aus einem Lokal, wo ein Ausschank geistiger Getränke stattfindet, jemanden herausweist oder herausweisen läſst, der durch dort erhaltene Getränke übermäſsig trunken geworden ist, ohne dafür zu sorgen, daſs ihm der erforderliche Beistand mitgegeben wird.

Kommt der so Herausgewiesene infolgedessen zu Schaden, so kann der Schuldige nach den Umständen angehalten werden, ihm oder seinen Hinterbliebenen ganz oder teilweise Ersatz zu leisten.

§ 27. Wenn eine Person, die nach §§ 24, 25 oder 26 bestraft worden ist, innerhalb zweier Jahre wiederum einen dieser Paragraphen übertritt, so kann ihm, wenn die Übertretung in der Ausübung eines Gewerbes stattgefunden hat, für bestimmte Zeit oder auf immer das Recht aberkannt werden, das Gewerbe fortzusetzen.

§ 28. Wird eine durch den Ausschank geistiger Getränke entstandene Forderung gestundet, so wird sie unwirksam und kann nicht eingeklagt werden. Das Gleiche gilt auch, wenn eine solche Forderung, deren Berichtigung auf der Stelle unterblieben ist, wiewohl keine Stundung gewährt war, nicht ohne Aufschub beizutreiben gesucht wird.

Kapitel III.

Über Zwangsarbeitshäuser.

§ 29. Der Staat errichtet eine ausreichende Anzahl Arbeitshäuser zur Aufnahme von Arbeitsscheuen, Bettlern und Trunksüchtigen nach Maſsgabe der Bestimmungen dieses Gesetzes.

Für jedes Geschlecht sollen mindestens 2 Arbeitshäuser oder Abteilungen vorhanden sein, zwischen denen die Insassen mit besonderer Rücksicht auf ihr Alter, ihren früheren Wandel und ihre Führung in der Anstalt zu verteilen sind.

Aufserdem wird eine besondere Anstalt oder Abteilung für Männer errichtet, die dem Trunke verfallen sind und infolgedessen einer besondern Behandlung bedürftig scheinen.

Personen unter 16 Jahren dürfen nicht aufgenommen werden.

§ 30. An der Spitze jedes Zwangsarbeitshauses soll ein vom Könige ernannter Direktor stehen. Die unmittelbare Verwaltung eines Zwangsarbeitshauses für Frauen wird unter der Oberleitung des Direktors von einer Frau ausgeübt.

Ein Aufsichtsrat, der aus einem Richter, einem Beamten der Anklagebehörde und zwei andern Männern, oder, bei Zwangsarbeitshäusern für Frauen, zwei Frauen besteht, wird vom Ministerium ernannt.

Die Ernennung geschieht für je 3 Jahre. Die Ernannten erhalten eine angemessene Vergütung.

§ 31.

1. Die Gefangenen tragen die für sie vorgeschriebene Kleidung und dürfen nicht ohne besondre Erlaubnis zu ihrem Unterhalt oder sonst sich etwas andres verschaffen als was für sie bestimmt ist.
2. Bei Bestimmung der ihnen aufzuerlegenden Arbeit ist möglichst Rücksicht auf ihre Anlagen, Fertigkeiten und ihre zukünftige Stellung zu nehmen.

   Sie können unter der nötigen Aufsicht aufserhalb der Anstalt beschäftigt werden.
3. Es wird Fürsorge durch Geistliche und Ärzte und, wo es zweckmäfsig erscheint, Schulunterricht gewährt.
4. Hinsichtlich der Disziplinarstrafen wegen Übertretungen kommen die für Zuchthäusler (Strafarbeidsfanger) geltenden Regeln zur Anwendung.

   Die Disziplinarstrafe ist ohne Rücksicht darauf zu vollstrecken, ob die für den Anstaltsaufenthalt bestimmte Zeit dadurch überschritten wird.

§ 32. Wenn der Gefangene Fleifs und gute Führung zeigt, so können ihm Arbeitsbelohnungen und andre Begünstigungen zugestanden werden.

Der König erläſst die nähern Vorschriften sowohl hierüber als auch darüber, wie es während des Anstaltsaufenthalts und bei der Entlassung mit den verdienten Arbeitsbelohnungen zu halten ist.

§ 33. Jede Entlassung geschieht auf Probe, wie im § 35 des nähern bestimmt wird.

Hat ein Gefangener, der noch nicht nach diesem Gesetze in ein Arbeitshaus gebracht war, einen gewissen nach seiner Gröſse im Reglement näher zu bestimmenden Betrag als Arbeitsbelohnung verdient, so ist er in der Regel auf seinen Antrag zu entlassen, ohne Rücksicht darauf, ob die Zeit, die er in der Anstalt zurückgehalten werden könnte, abgelaufen ist.

Auch sonst ist der Gefangene ohne Rücksicht hierauf zu entlassen, wenn seine Führung erwarten läſst, daſs der Zweck erreicht ist, namentlich wenn er eine Arbeit annehmen will, die ihm zu verschaffen sich Gelegenheit bietet, oder wenn seine Familien- oder Erwerbsverhältnisse seine Entlassung besonders wünschenswert machen.

Wenn wegen der Unterbringung in einem Zwangsarbeitshaus eine verhängte Gefängnisstrafe nicht vollstreckt wird, so ist der Gefangene doch in jedem Fall während einer der unvollstreckten Gefängnisstrafe entsprechenden Zeit in der Anstalt zu behalten und es wird hierbei ein Tag Zwangsarbeit einem Tage Gefängnis bei gewöhnlicher Gefangenenkost gleich gerechnet.

Solche Personen, die, weil sie dem Trunke verfallen sind, einer besondern Behandlung bedürftig erscheinen, können in jedem Falle so lange, wie im § 19 bestimmt, in der Anstalt behalten werden.

§ 34. Der Entlassene ist in der Regel auf die am zweckmäſsigsten erscheinende Art nach dem Ort zu schicken, wo er seinen festen Wohnsitz hat, oder wo ihm in Gemäſsheit des § 7 ein solcher verschafft wird, oder wo er, wie man weiſs, Arbeit erhalten kann; oder in Ermangelung eines solchen Ortes zu der Gemeinde, wo er heimatberechtigt ist.

Die hiermit verbundenen Ausgaben dürfen von der Arbeitsbelohnung nicht abgezogen werden.

§ 35. Ohne Rücksicht darauf, ob die Zeit, während deren der Gefangene in der Anstalt behalten werden kann, bei der

Entlassung abgelaufen ist, kann während eines Jahres danach beschlossen werden, ihn in die Anstalt zurückzunehmen, wenn er die für die Entlassung festgesetzten Bedingungen übertritt, oder wenn sein sonstiges Verhalten dazu Anlafs gibt. Der so Zurückgebrachte kann in der Anstalt bis zum Ablauf der ursprünglich festgesetzten Zeit, wobei die Zeit, in der er in Freiheit war, nicht mitzurechnen ist, und in jedem Falle bis zu 2 Jahren behalten werden.

§ 36. Die in den §§ 33 und 35 erwähnten Beschlüsse werden von dem Aufsichtsrat in Verbindung mit dem Direktor und in Zwangsarbeitshäusern für Frauen aufserdem mit der Vorsteherin gefafst.

Sie können vom Ministerium abgeändert werden.

§ 37. Die mit dem Betriebe der Zwangsarbeitshäuser verbundenen Kosten werden vom Staate getragen.

Dieser kann von den Heimatsgemeinden der einzelnen Gefangenen einen Betrag zurückfordern, der einem Drittel der gesamten Betriebskosten, soweit sie anteilsmäfsig auf den einzelnen Gefangenen entfallen, entspricht.

§ 38. Die näheren Vorschriften über die Zwangsarbeitshäuser werden vom König erlassen.

Kapitel IV.

Verschiedene Bestimmungen.

§ 39. Wer einer Verwarnung ungeachtet es böswillig unterläfst, für seine Kinder unter 15 Jahren zu sorgen, sodafs das Armenwesen sich ihrer annehmen mufs, oder einen ihm auferlegten Beitrag zu ihrem Unterhalt zu entrichten, wird mit Gefängnis bestraft, soweit er nicht nach strengern Bestimmungen zu verurteilen ist.

§ 40. Wenn das Gericht annimmt, dafs ein Angeklagter, der freigesprochen oder zu einer herabgesetzten Strafe verurteilt wird, wegen Zurechnungsunfähigkeit oder verminderter Zurechnungsfähigkeit die Rechtssicherheit gefährdet, so kann es bestimmen, dafs er in eine Irren- oder Heilanstalt oder Arbeitshausabteilung für Trunksüchtige unterzubringen, oder dafs ihm ein bestimmter Aufenthaltsort anzuweisen oder zu verbieten ist. Die getroffene Mafsregel ist durch die Obrigkeit wiederaufzuheben, wenn sie nach eingeholtem ärztlichen Gutachten nicht mehr nötig ist.

In Schwurgerichtssachen kann das Gericht, um einen Anhalt zu haben, den Geschwornen die Frage vorlegen, ob einige und eventuell wie viele der Geschwornen für Freisprechung deswegen gestimmt haben, weil sie den Angeklagten für zurechnungsunfähig ansahen.

§ 41. Die in diesem Gesetze behandelten Übertretungen werden nach den für Polizeisachen geltenden Bestimmungen verfolgt. In den Fällen der §§ 2, 5, 6, 19 und 20 ist die Anwesenheit des Angeklagten in der Hauptverhandlung immer notwendig. Eine erneute Verhandlung vor dem Schwurgericht kann in den Fällen der §§ 2, 5 und 20 überhaupt nicht, und in dem Fall des § 6 nur dann stattfinden, wenn die Hauptsache vor das Schwurgericht gebracht wird.

Die Einlegung der Revision an den Obersten Gerichtshof von Seiten des Angeklagten muſs in den Fällen der §§ 2, 5, 6 und 20 auf der Stelle erklärt werden und hat keine aufschiebende Wirkung, wenn das Gericht es nicht bestimmt.

§ 42. Dies Gesetz tritt zu einem vom König zu bestimmenden Zeitpunkt in Kraft.

Der König ist, bis die im Kapitel III aufgestellten Vorschriften voll durchgeführt werden können, ermächtigt, die nötig erscheinenden Abweichungen und desgleichen Einschränkungen der Anwendung des Gesetzes zu beschlieſsen.

§ 43 (enthält nur eine Aufzählung von Gesetzen, die durch das gegenwärtige Gesetz auſser Kraft gesetzt werden).

B. Getz. A. Qvam. V. Scheel. Harald Smedal.

J. H. Thoresen. Fr. Woxen. H. Øverland.

DRUCK VON LEONHARD SIMION. BERLIN SW.

FSC
www.fsc.org
MIX
Papier | Fördert gute Waldnutzung
FSC® C083411

Kolibri 360 GmbH
Ferdinand-Jühlke-Straße 7
99095 Erfurt, Deutschland
produktsicherheit@kolibri360.de